凱信企管

用對的方法充實自己，
讓人生變得更美好！

元氣

（卓越增訂版）

保險業務成功信念50招

信念，就是力量～通往保險業頂尖之路！

點亮初心 —★— 持續堅持 —★— 深耕永續

讓愛與責任同行，為人生注入溫暖力量

范國樑——永旭保險經紀人股份有限公司 董事長／
《未來從現在開始》一書作者

很開心謝清輝博士邀請我為《元氣》這本書的卓越增訂版寫推薦序，我再三閱讀，愈發感受這本書蘊含著深刻的情感與實務的智慧。書本中平易近人的文字、毫不藏私的分享作者累積超過三十年的保險業務生涯，從業務員的初心、行銷的秘訣，到使命感的堅守，而他本人也是親自實踐，透過保險銷售從保全客戶的資產到自己的生涯規劃，每一頁都讓人感受到：保險不僅是一個職業而已，更是一種利己利人，幫助社會安定的力量。

我們走在保險這條路上數十年，經歷過無數挑戰，也見證了無數生命故事。在每一次風險來臨時，保險成為許多家庭背後最堅實的依靠——它不是冷冰冰的數字，而是愛與責任交織而成的承諾。而保險的條文非常複雜，保險的商品非常多元，並不是每個客戶都能理解。謝博士這本書以深入淺出的例子，將保險的意義與功能潛移默化在每個人的心中，看似淺顯易懂，實則意義深遠。

專業，是立足的根本；溫暖，是觸動人心的力量；而使命感，則是支撐我們走得更遠的靈魂。謝博士是保險界的前輩，對保險的意義與功能推崇備至，對於第一線業務員也是殷切期盼。他透過本書提醒著我們，每一位保險人，不管是保險公司或是業務員，不管是內勤還是外勤，都是用行動守護幸福的實踐者。保險銷售不是單靠話術，而是一次次耐心的陪伴，一次次堅持的說明，最重要的是業務員的信念，去點燃人們心中對未來的希望。只要不忘初心，專注本業，以堅定信念走下去，我們每一個人都能在自己的位置上，發揚保險的價值。

保險，是一份今天為明天做準備的智慧，是在人生不可預測的變數中，為自己與家人建築堅固防線。而從作者的專業與堅持，更是這份力量得以被信任與傳遞的關鍵。閱讀其內容，我深刻感受到久違的熱忱與感動，謝博士對於保險的態度與堅持與我創立保經公司的理念不謀而合。保險業務員透過保險的銷售保障客戶的資產安全，他們需要的是一個好的舞台。而我創立保經公司提供分潤、讓利、共享的舞台，讓各方人才不受約束地在這裡盡情發揮，也讓業務員能夠透過保險銷售工作享受人生；角色雖然不同，但是目標卻是一致的。

保險的價值，不僅止於契約條文之中，而是真正融入了人的一生和家的未來，保險讓愛與責任，永不止息。讓我們攜手同行，用專業灌溉信任，用溫暖延續關懷，用使命照亮前方的路。我的事業讓我享受人生，而未來，從現在開始。

你以爲保險只是賣商品？其實，它關係著你和家人的未來！

詹皓凱—怪醫鳥博士

很多人聽過保險，也買過保險，卻不知道保險業務到底怎麼做銷售，更少有人了解保險背後真正的價值。

謝清輝博士以三十多年實務經驗，毫不藏私地公開他的心法，讓業務員，也讓客戶了解到保險的意義與功能，讓台灣的保險事業不斷進步。他不僅闡述了「保險是現金的販售」這一觀念，更以「保險是大慈濟」的使命感，重新定義了保險業務員的角色——不只是一個銷售者的角色而已，更是家庭幸福的守護者與社會穩定力量的推動者。

本書如一盞明燈，照亮保險的真正價值與深層意義。作者不但做保險全心投入，行銷保險商品非常生活化，非常有創意。也希望本書除了單調的文字敘述外，也能巧妙地加入漫畫，以增加閱讀的樂趣。

鳥博士很榮幸受邀為本書繪製插圖。我本身也是醫療保險的受益人，保險理賠金也減輕了我在接受「骨髓移植治療」時的經濟壓力。謝大哥鼓勵鳥博士這個保險的門外漢，除了搭配文章的圖畫外，還可以用「鳥博式幽默」自由創作與保險議題相關的小劇場。因此本書的漫畫分為兩種：一種是比較正式的與文章配合的插圖；另一種則是「鳥博士的保險狂想小劇場」，充滿鳥博士對保險商品天馬行空的幽默想像。

風險從不會預約，但保單可以提前簽字。作者的目的是希望大家能輕鬆看文賞圖，不僅理解到保險的功能，更懂得如何提早善用保險來為自己與家人預作準備。對於想要購買保險的客戶，能夠了解買的不僅是一紙合同而已，更是安全感；對有志從事保險業的朋友而言，理賠金不只是數字而已，更是家人在絕望時的救命繩索。這本書就像給你一雙翅膀，幫助你在保險之路上飛得更遠。

誠摯推薦給每一位重視未來、關愛家人的你。

抱願～終身學習，與時俱進

出社會後除了短暫二年的時間在外商銀行工作，接下來我的工作生涯只專心做好一件事，就是保險銷售，兩年半前從單一保險公司轉換跑道到保經公司，也擴大了行銷視野，更進一步了解到保險行銷通路的演進，范董鼓勵我將二十年前出版的《元氣》再版，這本書就像是我的「特修斯之船」，給我一個修改的起點，更新我的心得，分享給從事保險的朋友們。

台灣的保險業因為經濟起飛，也受到日本的影響，業務發展比較先進。在保險轉型上的歷史長流，對照新舊保險公司的分庭抗禮，到現在保經公司逐漸站上檯面，身為站在第一線的我，對保險發展的前沿有所著墨。並且有幸在二〇〇六－二〇一一年在中國社會科學研究院攻讀博士時，以「兩岸的保險業務激勵制度比較」做為研究論文，取得經濟學博士學位。

保險對一個人、一個家庭、一間企業，甚至整個國家社會的安定是非常重要的。而第一線的業務員對保險業發展更是扮演著舉足輕重的角色。畢竟保單上簽的是名字，而背後託付的卻是人生，沒有人知道明天和意外哪一個會先來，所以保險業務員推銷的不僅是一張合約書而已，更是一種安全感。在我的壽險生涯中，累積了數以千計的客戶，照顧了數以千計的家庭，愈發感覺到這份工作的神聖，保險對我來說已經成為一種信仰了。

這本書的第一篇談的是保險的意義與功能，其目標就是在闡述保險這種無形商品的真正價值；第二篇談的是優秀業務員的養成，談的是提升工作能力與培養良好的態度；第三篇是透過保險做好生涯規劃，以保險保障自己、家人及客戶，甚至於社會國家。不管對業務員或是客戶本身，都是認識保險、購買保險的最好教材。

英國首相邱吉爾說：「如果可以的話，要把『保險』兩個字寫在每個家的門口。」這本書的再版，除了更新這幾年的保險歷練與想法之外，最想要做的就是將超過三十年豐富的生活經驗與保險知識，教導給業務員。透過保險的銷售，提升家人的生活品質、保障客戶的資產安全，也透過理念的交流，讓客戶想要買保險以表達對家人的愛心與責任感，達到客戶、業務員、公司三贏的正向發展。

目錄 CONTENTS

第二篇——戰鬥：邁向發達之路

第一章

發燒 菜鳥體驗營

成功因素無他，
就是對工作著魔，
純粹的意志力和辛勤工作。

心法 1

慈濟是小保險，保險是大慈濟

在保險公司的某一年，公司舉辦獎勵旅遊活動，招待績優人員到東歐的捷克與奧地利玩。在人文薈萃的布拉格與維也納，我們體會到中世紀歐洲強大的國力與藝術、音樂等人文素養的浸潤，彷彿又重回到哈布斯堡王朝輝煌的年代。

旅途中我們參觀了捷克當地的一個大教堂—雷恩教堂。教堂的外觀非常壯觀神聖，許多人在聽導遊的介紹，只有我注意到教堂內有兩塊彩繪玻璃十分特殊。因為它不是繪畫耶穌基督與祂門徒的生活紀錄，而是捷克當地最大保險公司的招牌。

我覺得十分好奇，於是向導遊先生請教。導遊說，在二十世紀初，因為布拉格處於戰火必經之地，一直飽受炮彈洗禮的教堂受到摧毀但無力修復。於是主教向當地最大的保險公司要求幫助修復。保險公司雖然答應了，但有一個附帶條件，就是教堂必須在最後修復的兩塊彩繪玻璃，刻上保險公司的名字做為回報。

一開始，主教並不同意，因為宗教是神聖的，上帝要照顧的是世人而不是保險公司。這個時候保險公司的人員說了一句話，才使得主教回心轉意。他說：「**人死後把靈魂交給上帝，而人間的苦難就交給保險公司吧！**」這句醒世的話說服了教堂的主教，所以才留下這兩塊非常特殊的彩繪玻璃。

保險是什麼呢？它是人類最偉大的發明，而它的意義與功能正如雷恩教堂的兩塊彩繪玻璃一樣，讓人感動也給人省思。在台灣每當發生天災時，都希望獲得政府的救難，

或是尋求慈濟的幫助，但政府或是慈濟豈能幫助所有的人。而「保險」的設計就是讓一個負責任、對家人有愛的人，透過保險的規劃減少損失、照顧家人，所以我覺得：「慈濟是小保險，保險是大慈濟。」

這個就是使命感。在充滿挫折的保險推銷，要怎麼樣能讓業務員持之以恆？我覺得「金錢不會產生榮譽感，使命才會」，想要做好保險，除了認真工作之外，也要有工作的核心價值。透過保險的銷售，提升家人的生活品質，保障客戶的資產安全，是我的初衷，也是我的核心價值。

保險業務員走遍大街小巷，為的是透過保險能夠照顧更多的家庭，這就是「保險教」，只有堅守這個信念，才能成為「保險恆星」。如果沒有使命感，單純以薪水做為一生懸命的目標，所謂「保險明星」，很快就會變成「保險流星」了。

☺元氣保險金句

人死後把靈魂交給上帝，而人間的苦難就交給保險公司吧！

你以爲我在賣保險，其實我不是

小麥的客戶來公司，他看到辦公室中的每一位業務人員，都非常忙碌的工作，不禁好奇地問小麥：「你們業務員真厲害，只憑一張嘴、幾張紙，就要向客戶收幾萬元甚至幾十萬元的保費？」、「我買了保險就不會發生意外或疾病嗎？」等一連串八竿子都打不著的問題，倒是考倒了這位新進的業務員。

「保險公司是在賣什麼呢？」這的確是個好問題。保險看似是無形的商品，看不見摸不著，這也是造成保險銷售不易的主因。教育已成交客戶很重要，我趁機向客戶說：「**保險公司不是在賣保障，保險公司是在保險事故發生，客戶最需要現金的時候，幫客戶創造現金。**」

試想：買了防癌險就不會罹患癌症嗎？買了意外險就不會發生意外嗎？買了終身壽險，就不會身故嗎？當然不是！大家應該都很清楚保險公司是在賣「現金」。在被保險人生病住院或是發生意外的時候賠錢，也會在養老退休的時候給付養老金；或者有一天與上帝喝咖啡的時候，給付保險金給指定的受益人……而且有買才有給付，沒買就沒有給付；簡單說，買保險就是自己幫助自己，如此而已。

我們也可以說保險公司是**在賣「打折過的錢」！保險是集眾人之小錢，集合成損失發生時少數人所需要的大錢，所以保險費絕對比理賠金便宜得多**。另外保險費可以分期付款，保險理賠金是一次給付，不會分期的。因此，現在用可以負擔的小錢，買以後保險事故發生時，不能預估或不能負擔的大錢，這才是保險的意義與功能。

保險是射倖契約，也就是說**保險公司是透過精算和大數據的應用計算保險費，保險費和理賠金形成一個對價關係**。所以並不是每個人都會請領理賠，我們很幸運地用不到理賠金，那麼繳保費就當作做善事，捐錢給其他不幸用到的人。如果萬一有一天自己用到了，那就阿彌陀佛的說：「幸好我有買保險！」

「錢」人人都需要，你看各行各業的人每天努力的工作就是為了賺錢，而保險公司就是透過保險契約在銷售錢，用平時省下來的小錢以支付危險發生時家人所需要的大錢。相信大家對錢都有興趣，但是為什麼會對保險沒興趣呢？還是這只是客戶拒絕被推銷的藉口而已？**保險就是幫客戶創造現金，賣的是承諾與保證，也就是說當保險事故發生時，送上一筆「救命錢」**。

在我做保險的生涯中，最快樂、最有成就感的事並不是成交的那一刻，而是第一次我將理賠支票親手送給受益人的那一剎那；母親忍住了白髮人送黑髮人的悲傷，而這張即時出現的支票代替兒子孝順了父母。當聽到從母親口中說出「謝謝你」這三個字時，我突然間覺得自己變得好偉大，這種快樂的感覺再多錢也買不到。在我往後的日子裏，每次被客戶拒絕時，這樣子的感覺就會支持著我的下一次拜訪。

你以為我在賣保險，其實我不是，我賣的是現金，賣的是問題的解決與幸福的感覺。想想看，有哪一種行業，可以幫客戶創造現金？哪一個商品可以給客戶幸福的感覺？金錢雖不是萬能，但是沒有錢卻是萬萬不能。在現實的社會上，錦上添花已大有人在，雪中送炭益顯得難能可貴，而保險業務員送上的理賠金就是「雪中送炭」！

☺元氣保險金句

買保險不是買彩券，而是買份安心。每一份保單對客戶都意義重大，業務員應以良心和專業，不負客戶所託。

心法3

沒有買錯的保險，只有買不夠的保險

許多人覺得經濟不景氣、天災人禍頻傳，因此紛紛想要把錢放在保險上，因為保險具保障、避險和創造現金的效果，所以購買保險的比例持續增加。然而台灣人購買保險常常只給個人情交待，以為有買就好，而忽略了完整規劃的重要性。等到發生理賠時，卻又發現買錯或是覺得買不夠，那時候已經來不及了。

良好的保單規劃必須隨客戶所處的時空作內容轉換而不同。每個人因身份責任、家庭背景不同，或是經濟負擔也有所不同，所以保單的規劃並不是一成不變，而是要重視它是否符合「損害補償原則」，在風險發生時的理賠可以符合被保險人的需求，才能完善保險的意義與功能。

一般保險依險種不同及個人需要，約可分為以下幾種：

一、意外與疾病的醫療保障：

台灣有句俗語：「不怕三年遭賊偷，尚驚一暝火燒厝」。小病、小意外人生難免，但突來的大意外，或是一場大病，常會讓一個家庭陷入困境。尤其是需要長期照護時，如果又沒有保險的話，不僅家人生計陷入困境，許多社會問題也會因此而衍生，這就不是光靠政府或是慈善機構可以解決。因此足夠的意外險與醫療險是確保個人經濟安全的最重要一道防線。

二、終身壽險保障：

確保個人的工作能力，以完成家庭責任與生活尊嚴，最好的方法是透過購買終身壽險，讓在風險發生時，保險理賠金能夠維持家人的生計，能無經濟後顧之憂地生活下去。

美國維吉尼亞一個小鎮的墓園中，一塊墓碑上寫著；「雖然我已經離開人世了，但我的保險金仍然照顧著我的家人。」想想透過購買保險，即使人離開了，保險金依舊照顧著自己心愛的家人，這是多麼瀟灑的人生啊！

三、退休生活保障：

台灣在二〇二五年進入超高齡社會，有一句話說得好：「老並不可怕，老的時候沒錢才是可怕！」貧窮是對長壽的一大懲罰，為了要讓自己老年的生活更有尊嚴，所以在年輕時，就要為自己的老年生活提早做安排，此時年金保險或是月配息保險，讓保戶可以活得愈久，領得愈多，滿足逐漸高齡化的退休需求。

雖說歲月催人老，但足夠的保險金可以讓人感到安全。透過年金保險，或者月配息的保險規劃可以安心的享受自己年輕打拼的結果，不會有活得太久，擔心沒有錢用的困擾，更不會有省吃儉用，捨不得花錢，造成「人在天堂，錢在銀行」的問題。

四、資產規劃與傳承：

年輕時所累積的財富，到了年老之後，不管透過遺產或贈與，都要留下一筆金額給政府，這稱為「稅」。這些資產在身故之後，子女都必須用現金完稅

才能繼承。問題是這些現金是要用保險金來支付？還是子女們得必須變賣資產才能支付？

世界航運大王張榮發，在身故之後所遺留下來龐大的財產，沒有做好準備，造成兒子們兄弟鬩牆各立門戶；或是台灣北部的某黃姓大家族為了爭產，兄弟翻臉，甚至到最後手足相殘，槍殺親兄弟事件躍上報紙版面；又或是藝人大S突然過世，造成財產繼承之糾紛……保險只能夠保現金保不了人心，沒有規劃的財產造成的問題，恐怕不是上一代可以預料的。

有效的傳承應該包括：遺囑、信託及保險。根據保險法及遺產贈與稅法規定「保險給付，指定受益人，依法免稅」。保險不只提供保障，指定受益人的方式，更可以解決將資產傳承給指定受益人的願望。也就是說有規劃，財產要給誰，你說了算；沒有規劃，財產要給誰，政府說了算！無怪乎歐、美、日等先進國家都樂於透過專業保險經紀人以購買保險和信託搭配，作子女繼承及資產傳承的規劃。

五、投資型保險：

投資大師巴菲特說：「如果你不能找到一種睡覺時也可以幫你賺錢的工具，你將一直工作到死。」台灣人習慣先存錢再花錢的理財方式，有許多人透過投資型保單做理財計劃，透過長期、有紀律的定期定額，累積財富。想要兼顧保障與投資，投資型保單是個好的理財工具。面對自己未來的退休生活之前，檢視自己的資產，再利用時間的複利效果，全球佈局，補足未來退休金不足的缺口。

我的座右銘就是：「人生無從規劃起，只有隨時準備好。」生、老、病、死，是人生必經的過程，每個人依生涯規劃需求的不同，一生當中，至少準備好這五種不同的保險需求才能高枕無憂。

☺元氣保險金句

別人都說我很富有，擁有很多的財富，其實真正屬於我個人的財富是給自己和親人買了充足的人壽保險。

～香港首富李嘉誠

心法4

不一樣的三千萬

人生在不同階段都有不同的難題，這些難題有些是可以透過購買保險規避的。購買保險要付出代價，但不購買保險的代價往往會更高。說穿了，保險就是用你的一小部份的資產，來保護你所有的資產。曾經看過一篇文章，覺得十分有意思，節錄下來與讀者分享：

甲乙二人是好朋友，不幸發生車禍於同一天離開了這個世界。二人分別留下了「三千萬」給他們的太太。

甲先生的三千萬是：

第一：千萬不要改嫁，即使沒有了依靠，我是妳今生的唯一。

第二：千萬不要求人同情，即使生活再苦，一定要忍耐的活下去。

第三：千萬不要讓孩子叫別人爸爸，即使妳沒有能力供養他們。

乙先生的三千萬是：

第一千萬：能讓你們好好活下去，雖然我不在了，但我對你們的愛永遠存在。

第二千萬：能讓你們獨立自主，輕鬆生活，保險金還了房貸，還預留了生活費。所以當我不在，請你們一定要善用保險理賠金，更加愛惜自己，照顧家人。

第三千萬：能好好扶養孩子長大，讓他們受好的教育，希望他們將來比我更有出息，我愛你們。

「：」冒號放在不同位置，結果也不一樣，差別就在「有沒有買保險」。

「保險」是家人的守護神，它雖不比鮮花浪漫、不比鑽石耀眼，但它卻是一家之主對家人的關懷與愛心的保證。雖然乙先生不幸發生意外，但有了保險，他對家人的愛卻不會因意外發生而消失。但是甲先生發生意外，留下的除了家人的悲傷，也留下了龐大的經濟負擔給家人。

美國保險名人柏特•派羅說：「我們銷售的是麵包、牛奶、子女的教育，以及家庭的幸福、聖誕節的玩具和新年的禮物；我們銷售的不單純是金錢，是天倫之樂與自尊，是希望、夢想和祈禱。」胡適先生也說：「保險的意義是今日作明日的準備，生時作死時的準備，父親作兒女的準備，兒女幼時作兒女長大時的準備，如此而已。今天預備明天，這是真穩健；生時預備死時，這是真曠達；父母預備兒女，這是真慈愛。不能做到這三點的，不能算作現代人。」身為一個保險業務員，要鼓勵我們的客戶，何不現在就做個曠達慈愛的現代人！

☺**元氣保險金句：**

保單上簽的是名字，背後託付的是人生！對於一個願意幫助自己的人，沒有比購買保險更好的辦法。

心法5

給小孩子最好的禮物，就是教他審慎理財

「望子成龍，望女成鳳」是每個父母親對子女的期待，尤其台灣的「少子化現象」名列世界前茅。現在每對夫婦平均生不到一個小孩，於是大人就把全部的希望寄在小孩子身上，紛紛把小孩子送才藝班學芭蕾、學音樂、學英文等等，再加上補習班，這些「甜蜜的負擔」零零總總加起來的錢，就是造成自己「養不起未來」的主因了。

其實不管小孩子學什麼才藝或知識，在現代化的社會有一項知識或才藝是不能或缺的，那就是：投資理財與風險控管的知識。假如我們的下一代，不能了解投資理財與風險控管，即使他有多麼了不得的學歷，升到多麼高的職位，繼承到多麼大的財富，也有可能因為不懂風險控管與理財投資，而把一切給賠光了。那不就是拿一輩子的財富當賭注嗎？

投資大師巴菲特說：「我的投資心法很簡單，就是三個重點：資產配置、風險分散以及長期投資。」因此，我覺得給小孩子最好的禮物，就是定期定額的投資型保險。用每個月三千、五千或一萬的定期定額投資型保險當作是「補習費」，給小孩子買一個三百萬、五百萬

或一千萬的保障加投資，除了幫子女立於不敗之地，也給自己的老年買一個保障。

「定期定額投資型保險」無疑是給子女最好的成年禮，每年都會增值的就是父母親的愛心與祝福。主要的模式，就是客戶以每個月投入一定的金額，扣掉管理費和保險成本，剩下的錢就以定期定額的方式拿去做投資。讓被保險人一方面可以享受保險的保障，另一方面又能夠享受長期投資所帶來的績效，為子女累積財富，或者以後購置資產，甚至繼承財富的資金來源。

另外，台灣有句俗語：「棺材裏躺的不一定是老人。」萬一白髮人送黑髮人已經很悲哀了，如果發現自己的養老金都用在栽培小孩子身上，而沒錢養老，那豈不是更難過？投資型保單可以解決這個問題，因為此刻子女留下的「理賠金」馬上變成自己可以享用的「養老金」，代替小孩子盡孝心。所以買保險可以指定受益人，「進可攻打子女孝心，退可守住老年尊嚴。」這白紙黑字契約內容就是最好的養老金保證，才不致於在發生保險問題時怨天尤人，或是年老的時候再對兒女進行情感勒索。

而平時，更可以透過每個月的對帳單，教導小孩子投資理財的觀念。「說清楚講明白」一直是銷售投資型上的重點，投資基金本就有風險，要學會什麼叫做「風險」，因為無知就是最大的風險。如果可以用投資型保險上的基金作教材，讓小孩子知道如何投資理財及風險控管，將來出社會又有一筆創業基金，那豈不是一舉兩得。

巴菲特在一次講座中，語帶玄機的說：「貪婪是毀滅的開端，恐懼是希望的開始。」這個充滿希望與瀕臨絕望的交織過程，也是投資者中最大的考驗。而時間是投資的好朋友，如果我們的小孩能從小就養成正確的理財觀念和投資的習慣和心態，將來成功的機會就會比其他人高。你同意嗎？

☺元氣保險金句：

投資自己的腦袋，保持良好的心態，做好長遠的規劃，然後時間就會變成投資者最好的朋友。

心法6

保險傳達愛是永不敗落

「台灣千億首富，挽不回愛妻一條命」、「結褵三十年，成功男人背後的女人……」郭台銘就在富士比公布他成為台灣首富的不到二十四小時後，罹患乳癌三年的妻子林淑如卻不幸逝世，郭台銘悲慟逾恆。

看到這則報導，不禁讓我想到一首由鄭進一作詞作曲、江蕙主唱，可以說是膾炙人口的一首歌—《家後》。這首歌不只是它的旋律優美，歌詞內容更是感動人心。尤其是其中一段「阮的一生獻乎恁兜，才知幸福是吵吵鬧鬧，等待返去的時陣若到，我會讓妳先走，因為我會嘸甘，放妳為我目屎流。」我非常喜歡這首歌，歌詞敘述，男女主角不願先離開，是因為有許多心事未了，不忍心讓摯愛的另一半在人間受難，更不願讓心愛的家人無以為靠。每次聽江蕙唱這首歌，真的令人非常感動。

客戶送了我一本書，書名是：《愛是永不敗落》。描述的是一名基督徒對與他廝守一生的另一半的告解。讀了一遍又一遍，心裡想：其實婚姻的經營並不在乎甜言蜜語，而是細心的呵護與包容。保險雖然不能取代親情，但是卻可以取代為人夫、為人父對家庭的責任。不管貧賤，不管富貴，而這份責任與愛心正是經營幸福家庭不可缺少的。

我們都是平常人，雖不像郭董那麼有錢，但是也可以透過保險傳遞愛與責任。一個人會為自己及家人買保險，是對親情承諾付諸實際行動的最佳保證。以前常聽人不買保險的理由是：「保險金是要給老婆做嫁妝嗎？」、「理賠金自己又用不到，都留給別人用……」。乍聽之下都有些生氣，心想：「那個每天叫你爸爸的兒女跟在家任勞任怨的老婆不是別人，他們是家人。」

摩門教一句標語：「任何事業的成功，彌補不了家庭的失敗。」家庭是事業的根基，郭董雖然富可敵國，可是他愛烏及屋，為公司及同仁投保，每年支付超過百億台幣的保費，讓保險照顧公司的同仁及家人。光是這一點，我就對這位企業家充滿敬意。

保險金可以延續我們對家人的關懷與照顧，這份愛是永不敗落。我也向創作人買了版權，把這首歌的歌詞抄錄下來，讓大家好好的傳頌。提醒讀者在唱這首歌的時候，要記得給自己及家人買足夠的保險。

家後

作詞：鄭進一／陳維祥、作曲：鄭進一

有一日咱若老找無人甲咱友孝
我會陪你坐惦椅寮聽你講少年的時陣你有外摮
吃好吃醜無計較 怨天怨地嘛袂曉
你的手 我會甲你牽條條
因為我是你的家後
阮將青春嫁置恁兜阮對少年跟你跟甲老
人情世事已經看透透有啥人比你卡重要
阮的一生獻乎恁兜才知幸福是吵吵鬧鬧
等待返去的時陣若到我會讓你先走
因為我嘸甘放你為我目屎流
有一日咱若老 有媳婦子兒友孝
你若無聊拿咱的相片 看卡早結婚的時陣你外緣投
穿好穿酩無計較 怪東怪西嘛袂曉

你的心 我會永遠記條條
因為我是你的家後
阮將青春嫁置恁兜阮對少年就跟你跟甲老
人情世事嘛已經看透透有啥人比你卡重要
阮的一生獻乎恁兜才知幸福是吵吵鬧鬧
等待返去的時陣若到你著讓我先走
因為我會嘸甘看你為我目屎流

☺ **元氣保險金句：**

保險是夫妻相互扶持的拐杖，子女獻給父母的孝心，父母給孩子點燃的一支永遠不滅的蠟燭。

心法7

選對行業當黑馬

和其他金融機構相比，台灣人對保險比較排斥，認為拉保險是找不到工作的人在做的，收入低、社會地位又不高，因此增員的時候問題重重。

其實保險業是非常專業的工作，一個優秀的業務員養成並不容易。在先進的國家為有保險利益的人、事、物購買保險相當普遍，其目的就是要為損害填補。主管要增員就要重塑職業的價值，讓增員的對象了解到保險的意義與功能，也讓他們知道自己的使命，就不會對保險業產生不好的印象了。

保險業有以下幾個特性：

一、保險是合約制度

業務人員領公司的合約，知道做多少業績有多少收入，可以在什麼條件下晉升，不會因為學歷、背景而有所不同，是非常公平、公正、公開的行業。保險公司在不同的職位上給予不同的訓練，業務人員有業務人員的訓練、主管有主管的訓練，讓每個人的能力適合各自的職位。

二、保險是自己當老闆的行業

每個人都有一個老闆夢，可是礙於資金跟經驗不足往往做到血本無歸，然後一輩子還債，實在很可惜。在保險行銷中自己就是老闆，因為時間自由，收入多少自己決定，透過交流與學習，分享成功的經驗。在保險業是一分耕耘，一分收穫，努力的賺得多，不努力的賺得少，好處是不用承擔經營失敗的風險，做不好，損失的只有時間，卻換來不可取代的經驗。甚至有些公司還有傳承的制度，可以將上一代打拚的事業，傳給下一代。

三、保險是可以累積收入的行業

保險推銷的收入一般分成首期佣金及續期佣金，萬事起頭難，一開始會比較辛苦。但是透過學習、服務與介紹，從拜訪十個成交一個，到拜訪十個成交兩個，收入倍增；保單會越來越大，收入自然不只倍增。因此保險是累積越多，收入就越多的行業。

歷史告訴我們，慢慢變富會比一夜致富更好，而客戶和財富一樣，都需要慢慢累積。

假如我們一年有五十個客戶，經過十年累積到五百個客戶，這樣子代表我們在今年將有五十個首佣的客戶再加上四百五十個續佣的客戶，壽險的經營就是透過時間的累積，服務與客戶轉介紹，當然收入就會倍增。

四、保險是愛心事業

當一家之主發生事故的時候，受傷最嚴重的往往是家人。常看到社會新聞：「一人中風，全家發瘋」而導致更大的悲劇發生，因為心靈的傷痛會隨時間增長慢慢減輕，但醫療照護上的負擔會隨著時間的增長而加重。悲傷的情緒加上經濟中斷的雙重打擊，令人情何以堪？

人的一生都會經歷生、老、病、死等問題，保險並沒有帶來這些問題，購買保險反而是解決以上問題的方法。

五、保險是許多人幫助我們的行業

今天我們從事的行業，不管是推銷書籍、汽車、化妝品等等，都並非是每個人所必需的。保險賣的是「現金」，而「現金」是每個人都需要的。保險代表客戶的身價，隨著客戶的身價提高不斷的加買保險。保險公司也會隨著時代的轉變，推陳出新的商品，滿足客戶多元的需求。而且從零歲到八十歲，只要我們服務好，每個人都可能成為我們的客戶，保險只要口碑做出來，客戶自然就會源源不斷。

許多人在找工作的時候，都喜歡找「好做又好賺」的，但想想現實面，你既沒有高學歷或特殊專長的人，又不想吃苦，卻只想找好做的工作，殊不知簡單又容易的工作被取代性高，看似聰明，其實是很笨的。

業務員最大的資產就是他自身的賺錢能力，那完全存在於業務員的態度，做保險的態度最重要的就是：必須走出門賣保險，而不是等人來買。

社會不會適應我們，而是我們必須適應社會。如果我們沒有特殊專長，又沒有雄厚的背景，倒不如選擇做保險。做保險本錢公司出，本事主管教，你只要出本人就好。而且用心做好，時間自由收入又高，在年輕時吃點苦，換來以後享受努力的果實。誰笨？誰聰明？答案自己填。

☺ **元氣保險金句：**

生活中有許多事，不是等你準備好了，而是你開始了。因為開始了才可以慢慢修，慢慢改。

心法 8

機會與威脅

風險管理學中有一個 SWOT 分析，是一種替我們在業務甚至特定專案辨識其優勢、弱點、機會與威脅的技巧，當然也可以用在選擇行業上。時代在變，觀念也在變，透過 SWOT 分析，了解到賣保險這個行業的特性。

疑問一：我的個性不合適做保險。

試問有誰一生下來就會做什麼事？還不都是透過學習。保險公司有良好且完整的教育訓練，讓我們可以勝任這份工作。保險是知易行難的行業，要入行並不難，缺的是信心和毅力。所以我覺得保險不是「能不能」的問題，而是「要不要」的問題。

大部份的人選擇工作時，都把自己侷限在一個小範圍內，比如說：網路工程師、行政內勤人員，然後一輩子就做這些工作，實在很可惜。建議在年輕的時候嘗試高難度的保險業，因為如果在大家印象中最難賣的保險都能夠做得好，那麼以後就沒有什麼事可以難倒你了！

簡單又容易的事大家都想做，但競爭性高又容易被取代，一般職位的薪水總有個上限，收入自然不會太多。做不好很可能被裁員，做得好的也不一定會晉升或加薪。而保險業務是挑戰性高，是一分努力一分收獲的工作。

疑問二：我對保險沒興趣。

最近應徵網路工程師，來了一個研究所畢業的學生，一直找不到工作。我看他個性開朗，問他是否願意從事人壽保險。他回答：「保險喔……我沒興趣。」我問：「那你對什麼有興趣？」應徵者說，他的興趣在電腦、在程式設計。「請你去當大樓管理員，願不願意？」這個問題他搖搖頭，於是我接著問：「假如有一個大樓管理員的工作，一個月十萬塊，你願不願意？」他的答案是「可以考慮。」

所以不是興趣的問題，而是收入的問題。記得一開始做保險也不是我的興趣，可是透過保險的銷售讓我賺到錢，認識到更多的人，慢慢才有能力，可以去做我有興趣的事。

在我的工作生涯中，接觸過任何一個白手起家且身價超高的人，不論他所處行業為何，你都會發現，能在這個財富階層站穩的人，絕不是漫無目的的人。他們的做事風格，都是先設定目標、計劃，然後執行，因此事事都進行的有條不紊，卻又高效率。

「眼高手低」是找工作的大忌，雖然懷抱「夢想」，但是要認清事實，**在年紀輕的時候，要做該做的事**，以後才能做想做的事。否則只會活在夢想中一直到老，最後讓夢想終於變成了幻想。

疑問三：目前人手二三張保單，市場早就飽和了。

保險是一種風險規避的機制，也是生活的必需品，在愈先進的國家，保險愈發達，一個人擁有七、八張保單很正常。而且人口不斷出生，不斷有人結婚，不斷有人加薪，財富不會飽和，責任感不會飽和，尊嚴更不會飽和……所以保險需求當然源源不斷。有句保險的行話：「只要婦產科不關門，保險永遠有生意。」但是現在銀髮族的商機越來越大，透過保險作資產傳承及指定受益人免稅的功能，購買的保單金額也越來越大，實在不容小覷。畢竟只要生老病死的問題仍然有，保險的商品就會推陳出新，以滿足大家的需求。

而且保險業也隨著社會發展在轉型，以符合市場的需求。透過新商品的研發，除了一般傳統型的保險商品之外，又多了年金保險、投資型商品及萬能壽險，讓專業的保險從業人員有了更大的市場，客戶也有更多的選擇。

疑問四：我的人脈不廣，不知道要賣給誰？

保險不像有形的商品，假如我們是賣手機的業務員，有人脈又如何？假如我們是賣車子的，有人脈又如何？他們對品牌或是功能有獨特的評價。何況人脈如果不學習如何開發，那麼人脈用完了，前途是不是也沒了？所以要培養開拓人脈的能力，才是自己一生的財富。

有句俗話：「花若盛開，蝴蝶自來」，我覺得保險雖看似無形商品，但是它賣的是承諾與保證的契約，是人大於商品的行業，這個特性反而是透過自我提升，開拓人脈的最佳行業。

人脈是一輩子都要經營的功課，跟任何人相處都要做到不卑不亢、落落大方，不必為了業績太過委曲自己，因為成年人的交情都是從相互幫忙建立起來的。要和正能量的人交朋友，遠離任何讓你不舒服的關係，只要你以誠相待，這個行業真的不缺朋友。

疑問五：做保險收入不穩定！

其實恰好相反，保險銷售只要努力穩定，收入就會愈來愈穩定。更何況近年來各行各業變化十分快速，有時候剛興起的行業一下子就被淘汰了。如果沒有充實自己，想在職場上做到退休真是緣木求魚。而保險業的特色是絕大部份的自主權在自己，只要做好自我要求，就不怕被迫離職或調單位。

新人一開始的保費比較少、佣金少、經驗不夠、成交率低那是當然。但是原先的客戶一個月買一千元，因為身價提高，保費提高至二千元，收入倍增；原先沒經

驗談十位才成交一位，現在談五位就成交一位，收入倍增。有一千個客戶就等於有一千個老闆付我們薪水，根本不怕被裁員。所以保險業只有努力不穩定的問題，沒有收入不穩定的問題。

疑問六：家人反對我做保險。

這是個人心態問題，父母親送我們受教育，就是要我們學習社會的脈動，不要把上世紀落伍思想帶到這個世紀來。保險是助人利己的行業，不偷不搶、不拐不騙、不走私販毒、不逼良為娼、不作姦犯科，更是政府鼓勵可以抵稅的行業。相信只要我們成功，家人一定引以為榮。

「取悅於父母，孝之始也；榮耀於父母，孝之大也。」當初，我踏入這行時，父母親也反對，但到現在，我讓父母分享我努力認真的果實而感到驕傲，覺得保險是助人利己的行業，現在反而會向別人介紹說兒子在做保險。別人的建議是廉價的商品，自己要為自己的前途負責任，他人的意見，僅供做參考。

☺元氣保險金句：

錢不是賺來的，而是幫別人解決問題後得到的回報。所以當會思考你做的事能否幫助更多人時，你就開始賺錢了。

~京瓷創辦人稻盛和夫

心法 9

像一個過河的卒子

想要從事保險業務，那麼就要認清一個事實：「保險推銷這件事如果是簡單又好賺的話，怎麼會輪到我們來做？」保險業務人員入行的門檻不高，考張證照就一大堆公司來增員你了。可是做業務是很辛苦的，所謂：「萬事起頭難」，一開始常被拒絕，挫折感會很重。

挫折經歷的太少，才把一些瑣碎的小事看得太重，所以業務人員要有一顆強大的心臟，正因為被客戶拒絕是常有的事。但是「拒絕是成交之母」，搖滾歌手邦•喬飛（**Jon Bon Jovi**）說：「成功是跌倒九次，然後爬起十次。」在相信別人之前，先選擇相信自己，相信自己不會被現實所打倒，相信自己可以從哪裡跌倒就從哪裡爬起來。努力是業務人員的人生態度，如果業務人員都有這種認知，擁有良好的心理建設，很多困難就能夠找到方法解決了。

業務員推銷時會遇到許多的問題，這些問題大部分是屬於心理層面的，別人能做的僅僅是言語上的撫慰，要克服這些障礙、度過這些難關，還是需要業務人員自己努力，才有辦法去克服的。我總結出保險業務人員常見的七項重大疾病，分別是：心態梗塞、公司繞道而行、腦袋停頓、慢性不增員、惡性自我膨脹、行動癱瘓、重心轉移。業務員應該該時刻反省自己，是否有以上症狀。但有一句話：「業績治百病」，面對拒絕時，最好的解決之道就是想辦法成交一件Case，讓自己沒有退路，自然會勇敢去面對一切的問題。

我們永遠要成為自己最堅強的後盾，不怕生活給我們的種種考驗！我出生在鄉下，從小就得幫忙家務和下田工作。上大學時早上送報紙，晚上兼家教，暑假還要到加油站打工。從有記憶開始，就不斷的遭遇挫折，挫折早就習慣了，很多別人會認為是挫折的事情，對我來說，都不算是什麼了。這就是為什麼一開始進入保險業，就比較容易進入狀況的原因。

記得考上大學那年暑假到酒店去打工，被喝醉酒買單的客人用酒瓶往身上丟，還是鼻子摸摸，把地上清理乾淨，再向客戶說聲對不起，難道不挫折嗎？上了大學在淡水寒冷的冬天每天大清早去送報紙，為了區區每個月一百五十元的報費，收了三次仍然沒有收到，還被奚落了半天，難道不挫折嗎？此時只能秉持一個信念，「把吃苦當作吃補」，我覺得推銷保險被客戶拒絕，就好像開刀房的護士每天都會看到血，那不叫「挫折」，那是「工作」。

結婚後從外商銀行轉到保險業務這條路，也是審慎評估，當初小孩才出生滿兩個月，對自己的要求有如「過河卒子」，抱著破釜沉舟的決心，只能進不能退，這在外人的眼光看起來是一個很冒險衝動的行為。

有句話說「靠山山倒，靠人人跑，靠自己最好」。在相信別人之前，我先選擇相信自己，相信自己不會被現實所打倒，相信自己可以從哪裡跌倒就從哪裡爬起來。我既認為保險是未來的趨勢，雖然沒有人脈，但經過審慎的評估，覺得保險行銷是一個可以靠個人努力，成敗操之在我的事業。決定後就讓自己沒有回頭路，只能正面樂觀，全力以赴的去做。

輝達（NVIDIA）執行長黃仁勳在接受訪談時表示，他能夠成功的原因就是對工作到了「著魔」的程度，靠的是純粹的意志與辛勤。保險業務員成功的秘訣應該也是這樣吧！永遠對自己的工作充滿熱情，任何人滿意他的生活方式，或滿意他所做的工作，就會失去熱情，停止進步。

熱情是堅持的動力，成功的業務人員不能像蓄電池，要靠別人充電，而是要像發電機一樣自我激勵。試問：別人工作，我們也工作；別人休息，我們也休息，那我們要如何贏過別人呢？希望你我都能在人生道路上不畏艱難，勇往直前！為自己喝采！

☺ **元氣保險金句：**

成功帶來自滿，自滿孕育失敗，唯有偏執者得以生存。（Only Paranoid Survived）

～前 Intel 執行長安迪．葛洛夫

心法10

我保險，我驕傲～定位自己是一個「拉保險」的人

參加進修會時有位講師在台上問大家：「你是一個拉保險的業務員，還是一個專業的壽險顧問？」台下一半以上的人都舉手表示自己是一個專業的壽險顧問，只有我一個人舉手說自己是一個「拉保險」的人。

其實並非我標新立異。我曾在許多文章中，甚至在演講中都會以一個「拉保險」的業務人員自居，一點也不覺得拉保險有什麼好難以啟齒，有什麼好難堪；甚至覺得沒有一個行業比拉保險更令人驕傲、更高尚。

沒有人願意「被拉」，如果人生每件事都能稱心如意；如果一切風調雨順，國泰民安；如果一生沒有意外、沒有疾病，而且過著幸福快樂的日子，到了養老退休的時候有足夠的退休金，過著幸福快樂的日子，何必保險業務員來拉？

在現實世界中剛剛好相反，每天不斷有意外發生，造成家庭失去了支柱、全球暖化造成的

各種天災、化學食品帶來的各種疾病、癌症時鐘不斷的被調快，每四分鐘就有一人罹患癌症、大部份的人擔心沒有工作，變成憂鬱症；或是年輕時沒有存足夠的退休金，讓養老成了大問題……此時才體會到有買保險的家庭才是有福。如果真的如此，讓我這位保險業務員適時地「拉」客戶一把，又有何妨？

「拉」是一個動詞，表示非常積極、非常有行動力。**在客戶最需要我們的時候拉他們一把，要了解一定要有拉的動作，保單才會有效力。**沒有拉保險、沒有收錢繳費，任何好的保險商品都是空談，也都不會理賠。試問：一張沒有生效的保

單，即使我們是專業的壽險顧問又有何用？所以我覺得「拉保險」是業務員的使命感。透過「拉保險」的動作，讓每一個我們認識的親戚、朋友、家人、同學……都有合適的保單照顧自己，也照顧家人。

風光的時候你會覺得保險是廢紙，但是在谷底的時候它卻是救命的繩索；順境中保險看似無用，而一旦逆境來臨時，保險就能成為解決難題的關鍵。因此，我們每天都和風險賽跑，希望在風險來臨之時拉客戶一把。

我們不是保險研究員，也不是保單分析師，我們就是一個保險業務員。我不想幫客戶算命，也不要說得比做得多，我不知道誰會對保險產品有興趣，但是只要我們持續地拜訪客戶，一定會有對保險產品有興趣的人出現。謹記：保險需要有人拉，保障才能獲得，只有透過「拉」的動作，才會讓我們的工作有意義，客戶的生活有保障。

☺元氣保險金句：

回到拉保險的本質，才能發揮工作的力量。你興趣所在的地方，也就是你能力所在的地方。

心法11

重視你給客戶的第一印象

小麥從事業務工作已經有多年了，成交的保單，大多是金額一萬、二萬元左右的小保單。他很希望自己能夠更上一層樓，提升到收入較高的階級。儘管小麥很努力，可是結果卻不盡人意，覺得很失落，無法理解為什麼……

有一天，他終於忍不住帶著疑惑跑來問我：「到底問題在那裡？」我看了看小麥，問他說：「你都是穿這樣去見客戶嗎？」他看看自己的打扮：牛仔褲、球鞋加上T-shirt，自己還覺得蠻「潮」的，所以點點頭回答說：「是啊！有什麼不對嗎？」

「你給人的第一印象，就是業績一直沒有起色的原因啦！」我對小麥說。

第一印象很重要，它代表某種程度的可信度，你穿著皺巴巴的T恤去談保險，對方的第一印象就是「這個人靠不靠得住？」在職場或商場上，常因不好的第一印象，錯失許多機會。當產品內容與推銷功力達一定水平時，客戶購買與否的關鍵就在於業務人員的形象。業務人員經常要與客戶會面，如果總是穿著隨便、不重視外表，給人邋遢的感覺，很難建立起業務人員的專業形象，也很難博取到客戶的好感和信任，想要成交大保單的機會更是難上加難。

或許有人認為，一個業務人員，只要努力的去衝，一樣也可以擁有好成績，何必在乎外表？這是外行人錯誤的想法，保險業需要可靠信任的形象。俗話說：「言語鎮君子，穿著壓小人」，雖說只是一個比喻，但也說明衣著在職場上的重要性。在職場上為了要加速贏取客戶的信任感，良好的第一印象是非常重要的。

除了合適的穿著儀容之外，我的推銷過程中，沒有什麼比全神貫注的聆聽，更能夠贏得客戶的好感。剛入職或者剛加入一個圈子時，少說話多觀察總是沒錯的。不要以為插話就能表現自己的觀點，或者自以為聰明的去糾正別人，這絕對是推銷上的大忌。在全神貫注的聆聽之後，加上適當的用開放式的問題，和合宜的肢體動作，例如：眼神接觸、身體前傾、點頭認同……除了讓客戶說得盡興，也可以讓客戶知道你的理解。

一個人不可能給別人兩次的第一印象，一個不修邊幅的業務人員，很容易人還沒開口就扣了分，想要扭轉客戶的想法，則勢必要花更多的心力。如果我們能夠創造一個溫暖、難忘的對話，讓對方感受到被理解、被包容，這將是留給對方最好的第一印象，而這就代表一個成功推銷的開始。

☺元氣保險金句：

創造良好的第一印象有以下三個步驟：全神貫注的聆聽、提出合宜的問題，以及適當的運用肢體語言，這會讓你的推銷無往不利。

心法 12

保持信念專注本業

壽險業務的成功與否，完全掌握在自己手上，只要用對方法，專注在本業上，每天做好自己該做的工作，成功總有一天會降臨。台灣有句俗諺：「戲棚下站久就是咱的」，對於保險業務人員來說，不要一天捕魚三天曬網，持續的堅持與努力，是絕對必須的。

當初我選擇從許多人羨慕的外商銀行，轉職到保險公司時，家人感到不解。因為那個時候的觀念，總認為到保險公司是去「拉保險」的，找不到工作的人才去做的行業，拉保險會拉到沒有什麼親戚朋友。當我認同到保險的意義與功能時，我會全力以赴。一樣從事推銷，但是客戶的大小，決定業績的大小；成就的大小，取決於自己努力的大小。

一開始做業務的時候，也面臨到很多挫折，常常被拒絕，一天要吃好幾碗「麵」，其中滋味特別酸辣，日後想起，真是點滴在心頭！最後發現我對生活的韌性，竟然是當時被客戶磨出來的。那時碰到挫折時我一樣也會很難過，甚至到會懷疑自己當初所選擇的路是錯的，畢竟「男怕入錯行，女怕嫁錯郎」嘛！不過現在回過頭來想，哈哈，感受就是人生的「麵」很酸辣，吃掉一碗就少一碗，不如趁著年輕多吃一點吧！

有時我會幫客戶介紹買賣房子，或是幫忙安排他們的員工出國旅遊，旅行社或是房仲通常會給紅包，我都說不用，要嘛就直接跟我買保險就好。**賺錢的方式很多，但是除了本業之外的錢我都不會去賺，我覺得這樣子比較單純。**若客戶真的覺得不好意思，就會多介紹朋友來買保險，就這樣子慢慢累積客戶的信任。

現實世界就是這樣，拿你有的，換你想要的，有捨有得。既然選擇保險推銷這條路，就要「歡喜做甘願受」。專注在本業，一路走來，重複著「設定目標、計劃，然後執行」的動作，雖然辛苦，但也讓我每年都達成設定的目標。所以當時轉行的決定是對？是錯？完全在於以後是否成功才能論斷。

記得當時也有一些台商老闆欣賞我在工作上的精神和態度，曾提議：「你不要做保險啦，來我公司就好，我聘請你當某部門的主管。」但是，我都會感謝他們的好意，還是選擇專注在本業，堅持在這個行業闖出一片天。

常對自己說的：「商品沒有錯、客戶沒有錯，所有的問題都是在於自己努不努力而已！現在所做的事暫時看不到成果，不要灰心或是焦慮，你不是沒有成長，而是在扎根。」

人生是選擇題，不是是非題，也就是以後保險做成功了，當時的決定就是對的；如果日後沒有做成功，當年的決定就是錯的。這許多年來，我也是慎選客戶，所接觸的人都是成功人士，他們都非常明智，了解到保險與專業的重要性，所以經常向我介紹客戶。在保險業唯有深信自己，專注本意，才是獲得客戶認同的關鍵。

☺元氣保險金句：

能夠對抗消極的不是積極，而是專注；專注才能爆發。

心法13

我的角色由我定義

有些業務人員害怕被親戚朋友或客戶認為是為了要賺取佣金，而向他們銷售保險。因此面對客戶時，總是欲言又止，不好意思開口推銷。這種「愛你在心口難開」的心魔，其實就是業務員的罩門。

保險的銷售不僅是一門藝術，也是家庭幸福、社會和諧的載體。「佣金」除了是保險單的附加費用，更是業務員服務的成本、家人的生計，有什麼好難以啟齒？更何況保險是為風險買保障，為服務預支費用，如果服務保障都打折，客戶還能相信保險嗎？何不直球對決，用破冰式的嘗試推銷方式，來打開彼此之間的僵局。

「犬守夜、雞司晨、蠶吐絲、蜂釀蜜」，社會上的每個人在工作崗位上各司其職。而保險業務人員的工作是銷售保險，提供客戶良好的財務規劃及醫療保障。就好像警察是人民的媬姆，是要保障人民生命財產的安全是一樣的。

工作不可能每天都快樂，拉保險的工作的確很辛苦，我想每一個行業都有其心酸，最佳解方就是「樂在其中」。我們對保險推銷工作要有使命感，**一個業務人員見到客戶而不談保險，就好像警察見到小偷不去抓、醫生見到病人而不去救一樣，這樣子的工作態度要如何贏得客戶的信任與支持呢？**

社會上存在的每樣工作都是神聖的，要歡喜做，甘願受。尤其銷售保險的業務人員，更要有一顆熱誠服務的心。保險人人都需要，沒有買保險的人不是他們不需要，只不過沒有適當的業務人員去做說明與服務罷了。

更何況天下沒有白吃的午餐，想要有保障就必須要付諸購買行動繳交保險費，

讓保險生效。否則只是一直「想」沒有行動力去「做」，等到保險事故發生了，業務人員該如何去面對客戶的家人？要如何去解釋只是為了面子問題不好意思推銷，而讓客戶的家人陷入經濟的困境？

醫生要「視病如親」才能獲得病人的信任，業務人員也要努力去銷售保險，給客戶自己及其家人足夠的保障，才能贏得客戶的肯定。我們是不是好的業務人員呢？如果我們看到客戶，而不去向他推銷保險，就不要厚臉皮說，自己是一個好的業務人員。

☺元氣保險金句：

隨時讓自己更好，成為有價值的人。在沒有成功之前，沒有人會理解你。

～比爾蓋茲

心法 14

以照顧更多家庭爲使命

習慣在睡覺之前，收看一些財經節目。某晚看到二位自以為什麼都懂的主持人與來賓談笑風生，高談闊論地消遣保險業務人員只靠一張嘴就可以賺佣金，保險公司只靠一張紙就要收取保費，甚至還對少數優秀年薪千萬的超級業務人員不以為然。

身為一個業務人員的我，不禁感到十分地憤憤不平。難道這些節目主持人不知道社會保險與商業保險的各項給付與理賠金合計，每年超過二萬一千億（2022 年），平均每天約六十億，每小時二．五億。這些理賠金保障了多少家庭生計，保障了多少孤兒寡母，讓他們在喪失親人之後，能夠免於經濟的壓力，讓意外事故發生後不因為「沒有現金」而更意外。

「理賠金」對受難的家庭絕對比親友接濟、政府補助更有尊嚴。保險制度是人類最偉大的發明。如果沒有保險，請問誰可以做得到？這些所謂的高級知識分子，所謂的媒體寵兒，竟然如此地消遣每天在外努力工作的保險業務人員，就不難理解一般民眾對「保險」的輕蔑了。

保險是世界上最難推銷的商品之一。許多人平時不會感覺它的需要，但是需要時想買卻來不及了。而大部份的人，領了理賠金都很低調，可是領不到理賠金時，又會找民代關說、找媒體撐腰，甚至找黑道恐嚇，把保險公司說成「吃銅，吃鐵，吃 Alumi（鋁的日語）」的怪物。

業務人員平日的工時長，經常是嘸眠嘸日地工作，努力在推銷生活的安定及家庭的幸福，但總是被拒絕的多。在保險業能夠年薪千萬者，他們的工作量絕對比你想像得大多了。業務人員上班時間很長，經常是「月亮當太陽、下雨當沖涼」，他們有如傳教士時刻提醒客戶：子女教育的重要、養老退休的重要、家人保障的重要、醫療品質的重要。要知道現實生活中貴的絕對不是保險費，而是醫藥費、生活費。從事保險三十年以來，從沒看過有人買保險買到傾家蕩產，倒是常看到有人因為不買保險而傾家蕩產，造成家人難以承受的憾事不斷。

業務員平日拜訪客戶、服務客戶的開銷必須自理，不能從薪資抵扣，而且誠實報稅貢獻社會。比起那些所謂的名嘴收入，雖然同是靠一張嘴，但是業務人員多了一份毅力與行動力。如果不夠努力、不夠專業、服務不夠好，哪能贏得客戶認同呢？而事實上，大部份的業務人員一開始都只是領一份微薄的佣金，如果不靠使命感，如何撐下來？

我們保障的是家庭持久的溫暖而不是得過且過的生活；我們所提供的是遠見而不是鼠目寸光的日子；我們銷售的是明天不是今天，是未來不是現在。**我們銷售的是安全，內心的平靜，一家之主的尊嚴以及免於恐懼、免於饑渴的自由。**如果準客戶聽了你們這些名嘴的話不買保險，等到發生事故的時候，請問你們願意付理賠金給他們嗎？

媒體人霸著「第四權」的位置，不宣導保險正面的意義就算了，還傳播一些以偏概全的訊息，消費這些付出與獲得不成比例的業務人員，忽略了他們對家庭保障和社會安定的努力。這社會需

如果可以的話，我要把「保險」兩個字寫在每個家門口。
睿智！不愧是英國首相

要保險業務員，就好像這個社會需要教師、醫生、警察……一樣，請多給辛苦的業務員一些鼓勵，因為保險正扮演著家庭守護神的角色，保護著你的家人。

☺元氣保險金句：

理賠金不是數字遊戲，是絕望時的救命繩索，業務員千萬不要贏了業績，卻輸了人格。

心法 15

請你麥擱等了

業務員推銷保險必須要有「首戰即終戰」的思維和準備，以給客戶即時的保障。但客戶面對購買保險當下時，總會想盡各種理由來告訴我們：「買保險這件事我還要再等一等……」。

什麼是「遺憾」？遺憾的事就是面對該做的事卻沒有去做，才叫做遺憾。當雙方都有共識成交時，業務員一定要趕快幫客戶完成簽約任務，以免一時猶豫而造成一生的遺憾。

幼年：「我現在沒有辦法存錢。我還太小，不知道存錢是什麼。每天玩得累死了，存錢這種事要問爸媽。」

青少年：「我現在沒有辦法存錢。我還年輕，還在上學；況且我也要買一些自己喜歡的東西。等我完成學業，進入社會工作之後再說吧。」

二十歲：「我現在沒有辦法存錢。我好不容易自立，想分期買輛車。我不想對人生承諾，存錢這件事情以後再規劃。」

三十歲：「我現在沒有辦法存錢。自從結婚生小孩之後，一家子的開銷壓得我喘不過氣來，每個月的房貸、生活費、小孩子的奶粉、尿片……算了，存錢等過一陣子再說！」

四十歲：「我現在沒有辦法存錢。小孩子要上學，生意要週轉……要存錢等小孩成家立業後再看看吧！」

五十歲：「我現在沒有辦法存錢。一些事情並不如當初所預期的，兒子想出國求學，老伴身體也不好，存錢這件事以後再說吧！」

六十歲：「我現在沒有辦法存錢。一直想早點退休，但小孩子也沒有能力供養我，真希望當初自己有存一些錢。」

七十歲：「我現在沒有辦法存錢。身體逐漸走下坡，醫療費用開銷大，也苦了

輝哥,客人
一直說他還要
再等等…
你覺得
意外和明天,
哪一個會先到??
麥擱
但啦~

家人與小孩。要是我走了，老伴恐怕……真希望當時有買保險。」

日子要一天天過，保險要一點點買，買保險並非碰運氣，而是日積月累為生活注入的安心。在漫長的人生中，風險難測，我們可按不同階段需求，逐步增添保障讓安全感不斷遞增。

保險的意義與功能是提供經濟損害的補償，當疾病和意外發生時可以安定家人的生活。有許多人吝於把錢用於規劃自己的生活，當意外與疾病來襲時，生活變得雪上加霜，只能仰賴政府或慈善機構的援助。

有難題而不採取行動是要付出代價的！雖然採取行動買保險也要付出代價，但是不採取行動付出的代價往往會更高。俗話說：「千金難買早知道，萬般無奈沒想到」。世人都喜歡錦上添花，殊不知唯有保險是雪中送炭，誰說業務員鼓勵客戶購買保險不是在做功德呢？

☺ **元氣保險金句：**

存錢最開心的不是變得有錢，而是某一天抬頭發現，你可以選擇過自己想過的人生。

第二章

戰鬥

邁向發達之路

增員靠風氣；
環境靠人氣；業績靠士氣；
成功靠志氣。

心法16

保險業務員要像大樹一樣

有些人總喜歡抱怨，為什麼不是「富二代」，沒有一個有錢的老爸？或是為什麼自己是「負二代」，還得承擔家庭的重擔？奉勸各位讀者，不要再抱怨啦，對於一些既成的事情，與其抱怨還不如改變。老天爺給我們一個較低的起點，但是並沒有斬斷所有成功的途徑吧！

在國道三號東山交流道休息站有一棵大樹，開車經過這裡時，我都會特地到休息站停留，買杯咖啡在樹蔭底下稍作乘涼，頓時會讓身心疲累獲得解放。大家都覺得大樹底下好乘涼，不過也要問一下：自己是否有能力成為別人心目中的一棵大樹？

保險業務員要像大樹一樣，照顧客戶及夥伴。要受到客戶的信任及成為夥伴的依靠，我覺得必須至少作到以下五點：

一、**根深**—所謂根深就是落實基本動作，也就是紮馬步。這對業務人員是十分重要的，一棵樹如果根紮得不夠深，禁不起狂風暴雨摧殘，是不可能成為大樹的。

要落實的是什麼基本動作呢？就是精進所謂的「KASH」：K是專業知識（Knowledge）、A是工作態度（Attitude）、S是推銷技巧（Skill），最後的H，指的是生活習慣（Habit），以及反覆練習推銷的六大步驟，和做好每日二十分的週控表。（分別在心法17～19詳述。）

一個業務人員如果能夠把基本動作做得深、做到位，日後更高超的推銷功力必能信手捻來，而不致於面對客戶時捉襟見肘。尤其是在日益要求專業的保險領域，要能夠把所謂的專業知識，化作日常熟悉的普通常識；把艱澀難懂的條款名詞，轉化成客戶聽得懂的白話文，如此才能深耕、廣耕。

二、**不動**—所謂不動，就是對自己所從事的行業要有認同感、對自己的團隊要有歸屬感、對客戶要有使命感。客戶向我們買保險，就是希望業務人員能夠在這個行業做得久，以免找不到人服務，保單變成孤兒保單。

業務員要專注在本業，如果我們能夠在本業上好好發展，充實專業知識，提供即時的服務給客戶，和客戶建立長久的信任感，相信必能獲得客戶的滿意，取得客戶的芳心。

三、**向上**—業務人員的工作目標是十分明確的，就是不斷地挑戰自我，天天向上。今日的我要比昨日的我更努力，明日的我要比今日的我更傑出，持續努力不懈，讓過去付出的苦澀累積成為未來成長的養份。

所以不管公司的任何競賽、任何在職訓練，或是外部的充電課程，都要好好把握。利用公司的各項競賽和各種訓練，達到自己設定的目標。因為業務員要時時刻刻面對不同類型的客戶，所以必須隨時自我充電，終身學習，才能持續不斷地向上。

四、**向光**—積極的人像太陽，走到哪裡都發亮；消極的人像月亮，初一十五不一樣。身為業務人員態度上一定要積極、正面、到處散發熱情，讓身旁的人與我們接觸就會感染到熱情與活力。

不要在社群網站抱怨、攻訐或是批評別人，這些不成熟的行為不會給自己加分。要知道抱怨只能博取同情，不會贏得尊敬。喜歡當酸民的人負能量太高，業績也一定不會好。這些因果互動的道理淺顯易懂，只要稍微注意，必能大幅改善人際關係，扭轉他人對我們的看法。

五、時間—保險最大的價值就是在於時間，時間創造複利的價值，愈資深愈值錢。一個資深的業務人員，因為擁有不可取代的經驗與智慧及客戶的信任，所以必能像大樹一樣照顧底下的人。而他的保險事業在長期的灌溉經營之下，日後也能贏得金錢、事業及友誼。

業務員的起心動念很重要，一開始路要走對，不要走偏了。證嚴法師說：「走對路，路就不遠。」保險業務員賣出去的不僅是合同，更是安全感。從事保險就好像是傳教士一樣，只要繼續努力，保持初衷，一定會贏得客戶的信任與掌聲。

☺元氣保險金句：

時間用來挑剔，成就了刻薄；時間用來學習，成就了智慧。時間用來抱怨，成就了怨懟；時間用來提升，成就了夢想。時間花在哪裡，成就就會在哪裡！

心法 17

K.A.S.H 傳授乾坤大挪移

我是個金庸武俠小說迷，對於小說裏的武功高手人物從小就心嚮往之。從事保險業務之後，對於武功的招式和客戶互動的關係愈來愈有感覺，覺得保險的推銷堪稱是各種迷人的武功招式大集結。

在金庸的《倚天屠龍記》中「乾坤大挪移」是一種內功心法，作用類似借力使力的原理。練到達高深巧妙的境界，發功者可以激發出自己潛在的力量，並可使對手的攻擊力量轉移到他人，或是回傳到自己身上。其根本道理也並不如何奧妙，只不過先要激發自身潛力，然後牽引挪移，但其中變化神奇，卻是匪夷所思。

保險的推銷訓練上也有一套「乾坤大挪移」心法，專門激發業務人員潛力的神功，那就是「K.A.S.H」。K 是專業知識（Knowledge）、A 是工作態度（Attitude）、S 是推銷技巧（Skill），最後的 H，指的是生活習慣（Habit）。

K.A.S.H. 這四個字母也是 Cash（現金）的諧音，是專業的業務人員必須要費心養成的基本動作。基本動作做好、做熟的話，日後就能借力使力，透過客戶的反對問題，了解到保險的重要性，激發成交的潛能。

◣專業知識（Knowledge）

為何要充實自己的知識和經驗？因為保險事業的成功與失敗，與自己的知識和經驗是有密切的關係。「專業知識＋行動力＝收入」，這是我們在壽險業常用到的致富公式。

行動力是勤快的拜訪，行銷的不敗秘訣就是：「拜訪量定江山」；專業知識則靠不斷的進修及自我投資。尤其投資型保單成為市場主流之後，專業知識對壽險從業人員愈發重要，取得相關的金融保險專業證照，已經是時代趨勢。

有證照雖不代表一定會活用，但沒證照則連銷售的資格都沒有，也會降低客戶選擇我們的機會。業務員不必在客戶面前賣弄專業知識，但是足夠的專業知識，卻能提供客戶好的商品及解決問題的方法，幫助我們贏得客戶的信任和尊重。

◣工作態度（Attitude）

無論從事任何工作都一樣，想要成功，就要先投入正確的態度。在推銷的武器上，專業知識是業務員的「矛」，能屈能伸的態度就是業務員的「盾」。在一次閒聊的機會中，朋友問我從事保險已經這麼久，未來還有什麼規劃？我想了一會兒說：「我會用現在的人脈和影響力，更努力地拉保險。」究竟是什麼力量使我不停地工作，不停地拜訪客戶？只因為我相信所從事的是一項助人的事業。

剛好那天晚上，當我和我的醫生朋友用完晚餐後，接到客戶打電話給我，說他的父親因車禍在醫院的加護病房，希望我能夠幫忙安排後續的問題，而現在我就是他唯一能倚靠的人……這也是保險工作的日常。除了銷售賺取佣金外，這種透過保險幫助人的充實感，就是我們日以繼夜，不斷努力的原動力，這就是業務人員的動力。所以秉持著幫助別人的精神，熱愛工作與了解各種不同的商品。因為投入畢生智慧，自然而然就會產生一種說服力，讓客戶相信我們、相信保險能夠給家人帶來平安、尊嚴、免於匱乏與恐懼。

◢ 推銷技巧（Skill）

「推銷技巧」四個字聽起來好像很抽象，於是我把它分成拆解動作，讓它執行起來是有步驟和順序的。如果說把「成交」比喻成棒球賽的奔回本壘得分，那麼推銷技巧，就是教導打擊手在面對投手時，要如何攻上一壘，如何盜向二壘，再靠隊友幫忙或是對手失誤奔回本壘得分。

要了解推銷技巧就要先拆解推銷六大步驟：第一個是組織準客戶；第二個是接觸；第三個是說明建議書；第四個是處理反對問題；第五個是激勵；然後第六個是成交。這就是「銷售流程」，一定要常練習才能熟能生巧。一氣呵成不意味著能夠偷工減料，就像雖然全壘打也可以輕鬆得分，但是一定要把每一個壘包踩好踩滿，否則也是功虧一簣。

主管的經驗也可以說是活的學問，我把保險推銷六步驟比喻為「九陽神功」，在下一章有詳細動作拆解。

◣生活習慣（Habit）

養成準備工作的習慣，是獲得自信成功的關鍵，「上早會」可以說是保險營業部一個重要的訓練時段，是培養「專業知識」與「推銷技巧」的重要活動。因此，從業人員一定要習慣上早課，每天都從辦公室出發，這一點一滴紮馬步的基本功，就是練就成功的關鍵。

班・費德文在他的書中有提到成功的指南有幾個必須養成的習慣，例如：養成拜訪前仔細準備的習慣、養成安排每一日工作的習慣、養成時刻學習的習慣、養成不斷提升目標的習慣……好習慣的養成不是一蹴可幾，但養成的過程絕對是邁向成功的基礎。

保險公司對業務人員的所有訓練，都是在專業知識、推銷技巧、工作態度、生活習慣這四個項目的增強。也就是說，有了這套「保險乾坤大挪移」的基本功，反覆地到市場練習，業務員就立於不敗之地了。所以我才會拍胸脯的告訴業務員，在保險業想要成功，不是能不能的問題，而是要不要的問題了。

☺元氣保險金句：

累積雄厚實戰經驗的唯一方法，就是每日勤於拜訪客戶。

心法18

推銷六大招式，練成九陽神功

金庸小說「倚天屠龍記」裏，張無忌依循祕笈修練九陽神功，數年間便將玄冥寒毒驅散，內功修為達武林一流高手的境界。在保險界的武林，玄冥寒毒就是業務員舊習陋規，已經存在身體內很久而不自知。所以說九陽神功是一種穩重可靠、短期可強身、長期可以增加功力的純正內功。

保險推銷技巧，就好比是九陽神功，必須要長期練習，沒有辦法投機取巧。這六大招式依序是：組織準客戶、接觸、說明建議書、處理反對問題、激勵，最後是成交。

業務人員每天的工作，就是反覆修練這六個招式，就像達摩六式一樣，面對任何不同客戶，都可以透過這六個招式應付自如。這六個招式做純熟之後，達到「生活保險化，保險生活化」的境界時，業務員談保險就像是武林高手平時在練武功，時刻精進自己，將會發現從事保險業務，是一件多麼愉快、多麼舒暢的工作。

◣招式一：組織準客戶

有疼惜你的客戶才能創造出偉大的業績，沒有支持你的客戶，業務員什麼都不是！

許多業務員在業績好的時候，都過度的強調自己的厲害，尤其是收到大Case的時候。但是我覺得沒有厲害的業務員，只有厲害的客戶。我並不是說業務人員的推銷技巧不重要，說到底，那些只是基本的，可以透過練習而得，不必過度強調。我反而覺得厲害的應該是如何經營客戶，如果已經有適合的客戶可以做說明了，業務員只是做平常工作流程的展現而已。

推銷前，要先知道你的準客戶在哪裡？所以推銷的第一個動作，就是組織準客戶，列準客戶名單。想想誰會是你的準客戶？你們的關係是如何建立的？他們的保險需求是什麼？像同學、鄰居、常常用餐的餐廳老闆、幫你洗頭的小妹、以前的同事、菜市場的豬肉攤老闆、社團的朋友……先把名字寫下來。寫下合適的客戶名單，拜訪前可以先收集足夠的資訊。雖不見得每個名單都會成交，但是就會有目標去進行拜訪，只要一看到名單內的人，我們就會有靈感將人和商品連結。

◣招式二：接觸

當客戶組織好後，我們就要想辦法去與他們接觸。接觸有很多方法：電話、小卡片、親自拜訪，甚至 Line、E-mail 都是接觸的管道，說白話一點就是把「泡妞」的功夫拿出來做就對了，但是要記住，初接觸時話千萬不要說得太滿，一切都要順其自然，不要太牽強，跟任何人相處都要盡量做到不卑不亢，落落大方。

接觸最有效的方法無疑的就是面對面，所謂「見面三分情」。我覺得拜訪其實沒有那麼難，就是直接走進去、說出來就對了！但是和客戶面對面互動時，要練習說話的技巧，因為說話可以看見一個人的人品，稍微親近就口無遮攔的毛病必須得改。不要感到奇怪，有些人一開口真的會讓客戶覺得臉上出現三條線。所謂的見人說人話，見鬼說鬼話，這並非口是心非或是心口不一，而是先調好頻率，再用客戶聽得懂的話作說明。

每個客戶都想自己的聲音被聽見，故事被理解，當我們和客戶互動時，最好是讓對方當主角，透過發問適當的問題，讓他們多說一點，只有客戶願意透露出自己更多的訊息，這個交流才是有意義的。

另外在接觸時有個重點，除了要注意服裝儀容，不要太白目或是交淺言深之外，也要知道在什麼樣的時間去接觸什麼樣的客戶。例如：上班族可以選在例假日、醫生要避開門診時間，而開餐廳工作的客戶，可能就要下午兩點或晚上九點過後才去，因為那個時候他們才有空。

無論是親自拜訪，或是打電話、傳 line，用任何方式告訴準客戶保險的重要性，激發他們的興趣。多聽多問之後，確認客戶的需求，再誠懇的告訴對方保險能為他們做到的部分。當取得認同，或願意深入了解時，再跟準客戶約時間。

◣招式三：說明建議書

說明建議書時要簡單扼要，最好在三十秒或五十個字以內就解決。淺顯是簡潔的意思，不僅是風格問題，而且是表達的基石，最好只談幾個關鍵問題即可。千萬不要長篇大論，而且過程中要和客戶保持互動和討論。

常見的關鍵問題包括哪些？就是保費有多少？保障有多高？繳費要多久？這三個問題是客戶最在意的。

說明建議書的時候表達能力很重要，這個時候切記東拉西扯，滔滔不絕，而是追求語言的清晰度與排除不必要的干擾或資訊。好的溝通不是只說自己想說的話，更要說客戶聽得懂的話，所以要將商品的內容，用客戶聽得懂的話，扼要清楚地表達。最好能夠將商品的特色轉成對客戶的效益。這樣子才能夠刺激客戶的購買慾。

◣招式四：處理反對問題

反對問題分成普通的反對問題和個別的反對問題，我們到客戶那裡，先從普通的反對問題導入保險需求，再由個別的反對問題提供解決方案，這就是「顧問式的銷售」方式。

處理反對問題時，要先釐清問題點。也就是說要先分辨客戶的問題，到底是真問題？還是假問題？再想想這個問題是他的問題？還是我們的問題？

在處理問題的時候要處理真問題，不要處理假的問題；要處理保險商品合適與否的問題，不必處理客戶個人的情緒問題。處理反對問題的原則就是善用聆聽、認同、讚美，並且展現同理心，以上是處理反對問題的原則。

常見的反對問題類型有：個人心態型、不良經驗型、錯誤認知型以及道聽塗說型等四種（詳見心法33）。不同的反對問題形式有不同的處理方式，客戶就是你最好的老師，把處理的過程記錄下來，並且多練習，處理這些事情就能夠熟能生巧。

◣招式五：激勵

業務人員介紹建議書的時候，就要將商品的特色，轉成對客戶的效益，這個我稱之為「激勵」。我們的建議要簡單，不要複雜，激勵的作用就是把客戶的需求煮到沸點。常見的激勵話術有：

1.「就是因為沒有錢，所以才需要存錢。」

2.「今天少吃一口飯，保證以後每天有飯吃。」

3.「當發生火災時再去買滅火器，是來不及的。」

4.「貧窮是對長壽最大的懲罰。」

5.「千金難買早知道，萬般無奈想不到。」

6.「意外與明天，哪一個先到呢？」

7.「幫助一個年輕人成功，勝過吃三年的素食。」

8.「我們可能是孝順父母的最後一代，被棄養的第一代。」

9.「我們算得出利率，但算不出風險。」

10.「你給我一筆保費，我就給你一個承諾。」……。

這些臨門一腳的話術，有些理性，有些感性，交叉引用，多背常用有益成交。其實話術很簡單，問題是如何平順有說服力的說出來。

◣招式六：成交

客戶如果發出購買訊號，不必再說太多即可嘗試成交。常見的購買訊號有：

1. 頻頻倒茶，態度積極。
2. 用正面的口氣回應。
3. 眼神專注，面帶微笑。
4. 詢問價格或是使用方法……

推銷流程走到這裡接下來就是成交。

當客戶在考慮的時候，要知道如何給他們臨門一腳才能成交。以下有三種方法可以參考：

比如說：

一、收費法—「請問要用刷卡還是自動轉帳？」

二、填表法—「請問受益人是不是寫你太太呢？」

三、體檢法—「如果需要體檢你方便嗎？」等等封閉式的問題。

不管客戶說出什麼反對問題，只要客戶願意回答如何繳費、受益人姓名及做健康檢查，這個推銷已經有八成以上的成功機會了。

要知道大部分的人喜歡購買，但不喜歡被推銷。透過推銷六大步驟，建立好推銷架構和流程，一旦客戶發出購買訊號，業務員就可以做好成交的準備，要求客戶準備相關的文件，包括存摺和印章，用「首戰即終戰」的態度，即時的完成保單的簽約動作。因為一張還在考慮的保單是沒有保障的。所以熟悉推銷方式，讓客戶化心動為行動，讓客戶把保單生效，才是業務人員應該有的表現。

保險的行銷大部分都是從被拒絕開始，要如何把這種挫折感大的工作做到「樂在其中」，除了信念，技巧也是非常重要的。因此推銷任何保險商品給不同的客戶，都是透過推銷六大步驟，也就是：組織準客戶、接觸、說明建議書、處理反對問題、激勵跟成交的反覆運用，愈熟練的就愈容易成交，因為我們熟悉推銷流程分解動作，在成交客戶的過程反而可以一氣呵成。猶如日本第一武士宮本武藏以千日為「鍛」、萬日為「鍊」。為學絕世武功，辛苦「鍛鍊」，終於能所向無敵，面對再厲害的對手也無所畏懼。

☺元氣保險金句：

一百次拒絕，就堅持一百零一次說明，業務員想要的心要大於客戶拒絕的心。

心法19

以每日二十分的週控表練成太極劍法

除了設定「目標」與「計劃」，「執行」是業務人員最重要的工作。業務人員最難控制的是時間，常在不知不覺之間就把時間給浪費掉了，每天好像都很忙，可是都沒有在做「生產性」的工作。或者光說不練，很會講也很會想，但是都不去做，造成所謂台灣俗諺：「要說全頭路，要做沒半步。」的瞎忙情形。

每日二十分是業務人員工作的內容，相對於內勤工作，保險外勤工作，更需要養成自律的工作習慣。內勤人員知道每天幾點上班，幾點下班，要處理什麼事情，能領多少的薪水。但外勤人員的工作內容包羅萬象，有些有用的事情是建立在看似無用的動作上，然而長期下來，是不是在從事生產性的工作，還是只會打屁聊天，決定業務員薪水的高低。

業務人員的工作內容是做與推銷有關的事，而「每日二十分」的週控表是檢視業務員是不是在做生產性的動作。其中的內容包括：與準客戶聯絡得一分；取得會談得二分；送建議書或取得轉介紹客戶名單得三分；保險售後服務得四分；填要保書得五分；收取保費得六分。以上分數就是保險人員的生產性工作。

我們可以一天打二十通電話得二十分，與十個客戶會談得二十分，送七份建議書得二十一分……這就是「量化」。每日二十分，每週一百分，每月四百分；一般就有四萬元以上的收入，資深的就有八萬或十六萬以上的收入。例如：每月收入四萬元，每得一分（與準客戶聯絡）就是一百元；每個月收入八萬元，每得一分，就是二百元……依此類推。

只要做好「每天二十分」，把工作量化，業務人員今日工作就告完畢。如何判斷什麼是生產性的工作？舉例而言，我們去打高爾夫球是休閒，但是球敘之間，有提到保險，就是生產性工作；陪客戶打牌是休閒，但是牌局中有提到保險，那就是生產性工作；陪客戶旅行、吃飯、逛街……同理可證，自己舉一反三。

在保險公司持續穩定做生產性的工作是成功的一大關鍵。但是大部分的業務人員，害怕被拒絕，都有些恐懼從事生產性的事，到客戶那邊時反而無所事事（比如只閒談八卦、泡茶……）。泡了三個小時的茶，保險兩個字說不出口，然後怨嘆時間不夠用，這樣子要如何成功？

業務工作需要的就是「自律」。**什麼是自律？自律就是知道不該做的事就馬上停止，該做的事馬上去做**。如果我們每日都偷懶一點點，日積月累，該做的都沒做，業績不來，壓力就會來，影響晚上睡眠，早上爬不起來上早課，如此惡性循環，是業務員陣亡的主要原因。因此，透過週控表把工作量化，養成良好的工作習慣，在面對挑戰時，才能游刃有餘。

養成每日二十分的工作習慣就是太極劍法裏的無招勝有招的感覺。把工作融入生活，化有形於無形，虛虛實實，虛實之間，樂趣無窮。

保險業務員學習 K.A.S.H、推銷六大步驟與做好每日二十分，就好像張無忌練成乾坤大挪移、九陽神功與太極劍法一樣，必能降服六大掌門人，揚威光明頂。

☺元氣保險金句：

人壽保險的銷售是一個流程，而不是難題。當你不依照流程進行時，它就會變成一個難題。

心法20

業務員的三個階段

近年來保險市場十分火熱，投資型保單大行其道，在業績快報常常可以看到有些同仁成交數百、數千萬，甚至破億的大保單。這些業績激勵了許多的業務員，「十年寒窗無人問，一舉成名天下聞」，這正是業務員夢想成交大保單的心情。

但是大保單可遇不可求，即使業務人員有機會遇到大客戶，客戶也會「審視」這個業務人員是否有能力承接，以及承諾做好售後服務。此時「專業」的比重就會大於「人情」。

我覺得從事保險有三個階段：

第一個階段是「苦力階段」

在這時期，要「少說多做」，隨時保持學習的能力，尤其現在是AI的時代，要多學習一些AI的技能，來提升自己的水平。也要摒除面子的問題，「面子」一斤值多少呢?所謂「此時不低頭，何時才抬頭?」業務員要體會低頭也是一種生存的方式，**二十五歲的懶惰，就會造成**

三十五歲的焦慮。有時候不免會受到客戶的考驗及家人的阻撓，但是自己想要成功的心，要超越挫折時想放棄的心。此階段或許有些人情的成份，但要趁早充實專業、落實推銷的基本動作，更要自我激勵。不僅要有「月亮當太陽，下雨當沖涼」的工作幹勁，更要有「吃苦當做吃補」的心態。

這個階段最忌諱的就是自怨自艾，或是中途放棄。要知道「砍樹理論」，一棵樹砍了一百下才倒，並不代表前面的九十九下沒有用，持續的努力往往是成交的重要關鍵。因為「成功」不是天上掉下來的，是吃進千辛萬苦換來的。

第二階段是要「打造自己」

在此時期要使自己成為名牌，從平常的工作態度型塑自己的專業與服務，讓客戶一想到保險就想到我們。要把自己當作名牌來經營，選擇加入一個好的社團，適當的行銷自己，把自己塑造成一個成功的樣子。堅持做對的事，做該做的事，因為名牌是一個口碑、一種可靠與信任，讓客戶因向我們買保險，而感到光榮與驕傲。

這個社會很現實，也很競爭，客戶喜歡講話有底氣的專業人士，所以要時刻的充實自己，幫助自己向上提升，不要向下沉淪。因為一個成功的人，不會想與不成功的人在一起，當我們表現得像一個贏家的模樣，資源才會靠近，客戶才會信任，貴人才會出手幫忙。成年人的交情都是從相互幫忙建立的。因此，業務員想要成功就要有成功的模樣，先把目標「說出口」，再用「行動力」追上，這是快速提升自己最好的方法。

第三階段就是「圓夢」

業務人員因付出而傑出，因關懷而開懷。工作不是工作，玩也不是玩，保險就是生活，把生活與工作合而為一是一種境界。透過商品幫客戶做生涯規劃，也幫自己做好生涯規劃，透過保險享受人生。

人生有許多夢想是需要靠金錢與時間去實現的，現在努力賺錢存錢，規劃自己的人生，讓自己辛苦的代價有好的回報。言行合一的活成自己想要的樣子，這就是佛洛依德需求理論，從最基本的生理需求，一路走到最高境界的──「自我實現」。

☺**元氣保險金句：**

用自己的努力換取成功，然後成功就會像一個大巴掌，打在那些曾經看不起的人臉上。要多響有多響，要多爽有多爽！

我們要承受業績壓力？還是生活壓力？

做保險雖然是有業績壓力，但業績好的人收入高，經濟上的壓力自然就小，所以收入與壓力是一體兩面的。**業績沒有壓力，生活就會有壓力。這是蹺蹺板的兩端，但是我覺得與其要背負生活的壓力，還不如背負業績的壓力。**

業務人員在初期的階段應該專注努力賺錢及存錢，以後才能享受花錢的樂趣；業務員業績好、精神好、魅力夠，做起事來自信十足，收入高還可以接受公司獎勵出國旅遊；偷懶不拜訪客戶，先花錢或是借錢，日後背負還錢的壓力。業績不好，看起來垂頭喪氣一臉衰樣，此時即使有客戶想要買保險，恐怕我們也無緣成交。

業績好壞與否是業務員意志力的延伸，業務人員有許多辛苦的地方，但也有成交的喜悅。畢竟人生不如意的事十之八九。不過根據經驗，業務員失敗了八、九次，也總有一、兩次成功的機會。所以有句老話，「不思八九，常想一二」，多想想一、二次快樂的工作經驗，也是紓解壓力的方法，不是嗎？

除了賺錢，做保險有一個特色：就是可以認識你想要認識的人，擁有更廣的人脈。剛出社會時，一位長輩曾向我說：「年輕人可以不認識錢，但是不可以不認識人；不認識人卡慘死。」

有許多中小企業的老闆，甚至是大企業家，都是從業務出身。例如：廣達電子的董事長林百里及鴻海企業集團的董事長郭台銘，他們都是從基層一步步地走來，從而累積千億的資產。著名財經節目主持人夏韻芬更鼓勵大家：「如果你有家人想要從事業務的工作，一定要鼓勵他，因為這是社會上最能出人頭地的行業。」

業務員生活的壓力大部分來自金錢，保險公司有句名言：「業績治百病」。業績做得好的人，不僅贏得公司的獎勵、同事的掌聲、客戶的讚美、家人的認同，最重要的是為自己賺得足夠的金錢、解決掉了大部分生活的壓力。

再問問自己一次：「業務人生的選擇題，我們要承受業績的壓力？還是生活的壓力呢？」

☺元氣保險金句：

做好拜訪前的準備，掌握聆聽技巧，發問適當的問題，然後把成交與否的壓力留給客戶。

心法22

拾起工作的熱情

我一直在思考：「若想在工作中活出價值，動力就在於『業務員能做出什麼貢獻？』。」保險是一個需要積極經營的行業，在過去的三十年期間，業務員憑著熱情把投保率，從一九八九年的百分之二十三，拉到二〇二三年底的百分之二百六十，投保件數從四百五十萬件，大幅拉高到五千九百六十三萬件。

總保費從一九八九年的一千三百一十四億，約每日三・六億，提升到二〇二三年的二萬一千八百九十一億，每日約六十億，成長超過十六倍。這種成績如果不是憑著衝勁十足、熱情洋溢的保險業務員們持續的努力，要如何辦到呢？保險不僅陪著全台灣的經濟社會一起成長，更是保障了台灣人民生命財產的安全呢！

保險的觀念，影響到面對災難時應變的態度。舉兩個例子：二〇二四年一月，日本航空在東京羽田機場著陸時起火，在此後幾分鐘裡，火焰吞沒這架日航飛機，但是訓練有素的空乘人員疏散了全部三百六十七名乘客，將他們一一送下緊急滑梯，沒有人受重傷。

羽田機場發生的這一幕被許多人稱之為奇蹟，其促成因素有很多，包括訓練有素的十二名空服人員，但最為關鍵的一點，還是機上乘客相對鎮靜的表現。

而台灣在二〇〇五年往來於東港與小琉球之間的渡輪發生船難，有些倖存的乘客，都在怪罪為什麼船長在開船前，沒有確實告訴乘客，逃生設備的使用方式。

雖然有人會覺得，即使船長在開船前有說明，旅客也不一定會在乎，但是這恐怕不是逃避責任的好藉口，因為船長在開船之前有告知的義務卻沒有做，必須負的是「業務過失致死」的刑事責任，再加民事的賠償。一個動作的輕忽，給自己帶來莫大的責任和遺憾。而一個業務員如果沒有把保險的觀念告訴客戶，是不是也犯了業務過失或怠忽職守的罪呢？

如果礙於面子而不去推銷，當保險事故發生時，保險業務員要如何面對他的朋友及其家人呢？如何將如此沉重的負擔，放在他的家人身上？難道要告訴客戶，我們是不好意思去推銷保險？還是臉皮薄怕被客戶拒絕？

保險商品正如救生衣一樣，平時不覺得它是需要，但是在需要時才準備是來不及了。保險業務員應該告訴所有認識的人：「終身壽險及醫療險」給客戶保證；「投資型保險、年金保險」給客戶希望。台灣人對保險的看法正在轉型，業務員要保持初衷，把賣保險當作傳福音。

保險業務員的工作是要靠熱情的，如果沒有信念、沒有熱情，就常會被冷漠的拒絕擊倒。要如何拾起我們工作的熱情？只要我們想要的心大於客戶說「不」的心，這樣子就會成功。

現在就賣給客戶「保證」與「希望」，以後就能讓客戶過好的生活，減少意外或疾病帶來的衝擊，即使沒有任何事故發生，有保險保佑一路平安幸福相隨也不錯呀！

☺元氣保險金句：

找不到堅持下去的理由，那就找一個重新開始的理由，做保險本來就是這麼簡單。

心法23／設立明確目標

一個人的成就不可能超過他的想像框架，有明確的目標是突破這個想像框架的首要步驟，也會讓我們每一次的努力都成為有意義的積累。做保險最重要的是設定明確的目標，當一個業務員清晰的設定他未來的目標時，他已經踏上了實現這個目標的道路上了。

目標設定依種類而言，也可以分成：競賽目標、晉升目標和收入目標。以高峰競賽旅遊為目標，非常具體，也非常明確。以晉升更高職位為目標，也是非常具體，非常明確，當完成了競賽目標與晉升目標，收入目標當然就水到渠成了。同理可證，購車目標或是置產目標的種類也是一樣。

目標設定以時間表而言，分成：長程目標、中程目標和短程目標。如果長程目標是十年，中程目標就是五年，短程目標就是三年；如果長程目標是五年，那麼中程目標就是三年，短程目標就是一年，如果長程目標是一年，那麼中程目標就是半年，短程目標就是一個月，依此類推。目標的短中長則依目標的種數有所不同，自己斟酌。

設定目標除了要有時間表，數字也是要具體、明確。例如：光說要做好保險還不夠具體，要有數字，設定自己一個月要賺十萬，或一個月成交十件保單，這些都是用數字來量化。又比如早課出席率、業績達成率、保單繼續率等等，保險公司統計的表格非常多，這些都是業務公司用一種共同的語言來溝通，那就是「數字」。把這些數字量化，量化的數字累積資訊，形成數據，分析這些數據就是打造業務員成功方程式的基礎。

不只是大事要量化，連小事都應該量化。例如：我們跟客戶約時間，我們若說「待會兒去」，這樣是不夠明確的，應該

要直接跟客戶說：「十分鐘到」或者「幾點幾分到」，這樣可以提醒自己尊重自己的承諾。這是數位化的時代，十分鐘就是十分鐘，不要用「待會兒到」、「稍後就到」含糊其詞的作為姍姍來遲的藉口，別忘了，業務人員的敬業態度，可是致勝的重要關鍵！

一般公司所謂的「成功」沒有一定的標準，保險公司卻是有一定的標準。假設我們用「有一千個客戶」代表成功，或是我們「有一百個業務主管」就代表成功。這一千個客戶與一百個業務主管，就是一個量化的標準數字，只要往這個目標邁進，成功就指日可待。

凡事都可以設定目標，接下來就是計劃與執行了。不要說來日方長，那是騙人的。成功貴在速度，成功的速度要快過父母老化的速度。所謂英雄出少年，想要達到這些目標，最重要的就是不要怕吃苦，**因為不怕吃苦，只會吃一陣子的苦；怕吃苦，就會吃一輩子的苦。**在年輕時是一個人最有能力吃苦的時候，千萬不要錯過了。試問一下自己：「如果成功要吃兩公斤的苦，我們要花三年、五年還是十年完成呢？」

☺元氣保險金句：

沒有什麼比設定大目標，更能激起業務員的熱情。

心法 24

當個領導者，而不是管理者

營業處的業績不是很理想，經理承受很大的壓力，剛好看到小平的出席狀況不佳，忍不住生氣的說：「為什麼你的業績這麼差？」「你最近怎麼出席的狀況那麼糟……」小平被經理這一連串的問題轟得頭昏腦脹，心裡感覺真是老大不爽，心想：「最近家裡的事已經夠煩了，還要在這裡被你碎唸，真討厭！」

有些人一晉升主管之後就喜歡管理人，**其實管理的真諦是「管事理人」，管的是事情，不是管人**。主管用多一點的教育，用少一點的教訓，效果會更好，這樣的主管才能進一步把自己提升為領導者。而管理跟領導是不一樣的，領導者帶人要帶心，並且以身作則，一定要讓人心悅誠服的追隨。

在輔導的時候要少說話，多聆聽。不要道人隱私，談人八卦，更不要背後說人壞話。至聖先師孔子也在《論語》中提到：「成事不說，遂事不諫，既往不咎。」意思就是對於已經發生的事情多說已經無益；已經做了的事情，就不用再勸諫攔阻了；已經過去的事，也就不必再追究了。

稻盛和夫說：「成功者不需有無謂的情緒。即使抱怨與委屈再多，當下首要之事乃是先將工作做好，而後再去宣洩情緒、調適心情，這才是領導者應有的心態。」在保險公司強調「以人為本」，對所帶領的團隊，每一個成員都是活生生的個體，他們有喜怒哀樂，也有七情六慾，所以主管儘量不要下命令，不要逼迫他們去做他們不願意去做的事。

下命令是冰冷的管理，而溝通，讓部屬心悅誠服，才是帶心的領導。人才聚集在此，是為了拚事業，不是為了迎合主管。尊重他們對事業的企圖心，因此對於業務同仁，只能領導，不必管理。印度哲學家泰戈爾說：「當一個人越謙虛的時候就越接近成功。」尤其做為一個好的領導者，更要讓自己成為部屬學習的標竿。

我覺得最好的方式就是「用態度管理，用業績領導」，主管有魅力，用魅力征服部屬，部屬自然而然的想要跟隨著我們的腳步。否則上樑不正下樑歪，業績只會曇花一現而已。領導者是僕人，是願景的僕人。所以好的主管，應該把自己界定在領導者，身先士卒地帶領同仁達成他們的業績目標，如此職場上必能風行草偃，上行下效，部屬自然就會跟隨我們的腳步。

☺元氣保險金句：

業務員永遠不要讓脾氣比你現在的本事大。

心法25

把目標刻在鋼板上

這個社會「行行出狀元」，即使我們從事的是一個習慣被輕視的行業，只要用心把它做好，一樣可以贏得尊重與地位。保險是大部分人都不願意嘗試的工作，許多人寧願努力找工作，也不願意到保險公司努力工作，真是食古不化。

如果保險是個好賺又輕鬆的行業，那怎麼會輪到我們來做？**因為保險是不容易做的，一旦成功，就擁有不可被取代的地位。**沒有設定目標的人生，就好像沒有輪盤的船，找不到靠岸的港灣。所以要把目標刻在鋼板上，先堅持這個目標，再用盡方法把它做好。

僅以「堅持」二字，贈與想要保險行業出人頭地的夥伴：

◎堅持業績不掛蛋，因為戲棚下站久就是咱的。

◎堅持上早課，因為君子立長志小人常立志。

◎堅持每日三訪，因為寧願辛苦一陣子，不願辛苦一輩子。

◎堅持坐在第一排上課，因為我是最敬業的。

◎堅持提供最好的服務給客戶，因為成功無捷徑，一步一腳印。

◎堅持責任我扛，我當家，因為我是最棒的。

◎堅持一定要上高峰，因為理當如此。

◎堅持每日二十分，因為我熱愛我的工作。

◎堅持業務倫理，因為喜歡一個人，就會有很多人喜歡你。

◎堅持不抱怨，不說負面的話，因為抱怨只會博取同情，不會贏得尊重。

◎堅持用心把每件事做到最好。因為服務沒有最好，只有更好。

◎堅持自己的夢想，因為有夢最美，希望相隨。

◎堅持承受壓力克服困難，因為美麗的鑽石，是被最大壓力擠壓過的煤炭。

◎堅持用包容的心，因為慈悲沒有敵人。

◎堅持每天要閱讀充實，因為有智慧就沒有煩惱。

◎堅持用一分擺平自己，用九分關心別人，因為能付出的人最幸福。

◎堅持痛飲挫折，因為在困苦中成長的人，才有偉大的夢想。

是堅持，讓我們有希望、有夢想、有價值；是堅持讓我們看到心中那份不可抗拒的力量；是堅持，讓我們即使流血、流汗也不願放棄，因為尚未開花結果，所以我們要堅持。

鳥博士の保險狂想劇場
我忘了我有沒有買「健忘險」??請幫我查一下…
馬上理賠?
保戶服務

☺元氣保險金句：

成功的人，往往不是最聰明的人，而是堅持到最後的人。

心法26

保險想成功，立志上高峰

高峰會議的獎勵旅遊，是各保險公司每一年開始最重要的業績競賽，這是營業單位負責人經過年終策劃會報，檢視工作是否能貫徹達成的重要試金石，也是業務員用得獎寫日記的最好題材。保險公司每年都絞盡腦汁，選擇旅遊地點，提供更多的加碼獎勵，讓業務員展現決心與能力。這是一場馬拉松比賽，想要過高峰的業務員一定要跟上，不要把壓力留到最後一天，否則別人在拚出國，你還在拚生活，這樣子壓力反而會很大。

高峰的標準並不是很高，因為它是資格賽，而非排名賽，是和自己比，只要達到標準就能獲得入圍。況且公司常常會加碼，讓達標更容易。所以上高峰，不是能力夠不夠的問題，而是決心有沒有的問題。高峰旅遊也是檢視個人能力和提升年度收入的重要關鍵，主管必須要身先士卒，完成個人業績並帶領更多的同仁登上高峰，以證明自己是領頭羊，讓職位與能力相等。

另一方面，主管利用高峰競賽為晉升更高的職位做準備，並發揮母雞帶小雞的領導力，讓自己的單位成為最優質的團隊。大家共襄盛舉，共同赴會，這才是透過保險事業享受人生的意義。

高峰的頒獎典禮也是一場嘉年華會，大家用快樂的心情迎接高峰饗宴，成為高峰頒獎典禮的一員，盛裝與會，走星光大道。所以業務員要以達成高峰為目標，而且不只是要上高峰，也要上台領獎，成為菁英中的菁英，接受菁英們的喝采。

除了精心策劃的頒獎典禮，公司也會透過旅遊活動，甚至包機、包船、包飯店，用最好的安排款待高峰菁英，就是要讓得獎的業務員享受與眾不同的尊榮。而且還會給超額達標的同仁超額旅遊退費的獎金，金額依照超標的比例，業績愈高獎金愈豐厚，可以說是「名利雙收」。業務員隨著公司的競賽與旅遊，享受努力的成果，不斷地升級、成長。業務員用得獎寫日記，共同參與公司與自己成長的歷史，並與家人共同分享。

最美好的時刻，通常是面對重大挑戰之後嚐到甜美的果實，競爭會讓人產生活力與創意，所以不要害怕設立偉大的目標。只要高峰一開始，要立刻建立假想敵，找一個可敬的對手，並設法超越他。這是良性循環，是升級的關鍵時刻，也是「物競天擇」的準則。

所謂「痛快」就是痛苦之後的快樂，也就是古人所說的「不禁一番寒徹骨，哪來梅花撲鼻香」。勉勵大家利用競賽把目標聚焦，高峰一開始，所有的紛爭、困擾、恐慌與不安一律結束掉，把心收回、投入市場、迎接戰鬥，大家全力以赴。高峰已起跑，絕不成為落跑的人，要上街頭拜訪客戶，搶鏡頭上台頒獎。當站在台上領獎，並接受數千人的掌聲響起時，你會感覺到一切辛苦都是值得的，這才叫「痛快」。

☺元氣保險金句：

業務員要透過高峰競賽贏到名與利，因為有名有利才有動力。

心法27

複雜的事，簡單做；簡單的事，重複做

高峰競賽期間，每個同仁都非常努力，朝目標前進。尤其看到小麥，真的是卯起來幹，整天都「衝勁十足」，忙進忙出的，可是業績與他的工作時數似乎不成正比。於是主管就很好奇地問他，到底一整天都在忙什麼？

「這是我這週的行事曆，主管您看我真的非常認真找客戶。可是Case都收不回來，為什麼呢？」

主管看了他的拜訪紀錄表，發現他真的很忙：送客戶去機場、幫客戶繳行動電話費、送老婆回娘家、參加同學的結婚喜宴……主管不禁懷疑，保險要做得這麼複雜嗎？

保險雖然是服務業，可是也要量力而為。業務人員要把大部分的時間去做生產性的工作，我們在做保險的態度就是把保險當成憲法，凡事與保險抵觸，一切無效。做保險要單純的相信，不要複雜地懷疑。

做事情要重視前置量與流程，才會有條不紊，事半功倍。每週百分卡，是業務人員自我評量是否有做生產性工作的重要工具。並保持著單純、用心地努力拜訪客戶。業務員必須去推銷，而不是等客戶來買，這是業務員的基本態度。然後依照週控表，每日做二十分，每週做一百分的堅持，才不會讓我們陷入台灣俗諺：「要睏全頭路，睏醒沒半步」的窘境。

上帝對每個人都很公平，就是一天只有二十四小時。因此可以聘請助理來處理日常的行政工作，提高服務的質量。經營客戶會盡量安排在我們的日常生活中，就在我們居住的城市之內。如果有必要出差到外地，一定要做好萬全的準備，要有「首戰即終戰」的概念，一次成交，否則就是浪費時間，增加成本。

客戶名單都是從想法開始，當有了想法，要如何將保單的特色轉成對客戶的效益時，就可以擬定成一份建議書。要對這份建議書內容瞭若指掌，然後對這份名單中的客戶闡述清楚，這個就是拜訪過程，也就是書上心法18中所提的推銷六大步驟。

專家把複雜的事簡單化，只有業餘的人才會把簡單的事情複雜化。保險推銷就是複雜的事簡單做，再把簡單的事重複做，**「簡單、積極、瘋狂」乃是業績源源不斷的三要素**。每天做生產性的工作，如：列準客戶名單、拜訪客戶送建議書、處理反對問題、激勵客戶與成交保單。

不要把無謂的應酬當藉口，把保險工作弄得很複雜，搞得自己很累，家人也不諒解。

推銷是「熟能生巧」的工作，同樣一件事做了一百遍之後，就不會覺得困難。而客戶就是我們最好的老師，客戶的問題就是最好的習作，從早課中獲得知識，從推銷中獲得經驗，這樣就一定能成為推銷專家。因此，少在辦公室談「八卦」，要知道「聊天是時間的癌，更是禍亂的根源」。走出辦公室，進入客戶的家談保險，因為我們的市場在客戶的家。

☺元氣保險金句：

不要做思想的巨人、行動的侏儒。業務人員只要準備好一份讓你興奮的商品和一張拜訪的名單，就可以展開工作了。

心法28

保持「開幕第一天的心情」

每年都會完成高峰競賽獎勵旅遊的大摩，每天都是笑臉盈盈的出現在辦公室，從來沒有人看過他愁眉苦臉的模樣。

其實，大摩也有作業不順的時候，可是他都會想辦法把一天的不愉快，在當天就消化掉，從來不讓不好的情緒影響第二天的工作心情。他說工作沒做好，就低頭承認，不要說苦，職場上看的是實力，沒達標，就是努力不夠，越解釋，越漏氣。

推銷的關鍵是面談，面談的關鍵是創造需求，而解決問題的關鍵就在這份建議書了。要設定一個大目標，最好是笑掉別人大牙的目標，這樣子的目標才值得去追求。認為自己做得多好並不重要，最重要的是隨時改進，完美準備。唯有在事前做好準備工作，才不至於面對客戶的時候束手無策。

大摩常告訴自己，每一天的開始都要精神奕奕，積極的迎接每天的挑戰。

我問他：「你維持好業績的秘訣是什麼？」

他回答說：「用一分擺平客戶，用九分擺平自己，業績不會一直好，但是也不會一直不好，客戶拒絕乃是正常，但是不讓壞心情過夜，每天都是快樂的開始，畢竟客戶都喜歡氣場強，有自信的業務員！」

業務人員的情緒，常常像是在坐雲霄飛車一般，隨著業績忽高忽低，業績好的時候就一副不可一世的樣子，好像自己做什麼事都是對的；收不到 Case 時，卻會很挫折、很沮喪，一副很「衰尾」的樣子。

其實這樣的心情起伏去面對客戶是很不好的！業績雖然有起有落，真正業績好的人，往往比我們更努力，所以要堅持下去。業務人員應該讓自己永遠保持「開幕第一天的心情」。不論處於何種情境，一張笑意盈人的臉，最易打動保戶的心，贏得對方的信賴。

這個道理就像開店做生意一樣，開幕的第一天商家，都會把店面整理得乾乾淨淨，用最開心的心情來期待客戶，這樣的商店，能讓上門的顧客感到愉悅且滿意。

相反的，如果因為幾天的生意不好，就讓情緒受到影響，擺著一張臭臉，這不僅會讓上門的顧客心理不舒服，還會影響商譽。業務人員是提供商品與服務的移動商家，時時刻刻擦亮自己的招牌，保持「開幕第一天的心情」來面對每一天，相信業績一定能夠蒸蒸日上。

☺元氣保險金句：

推銷沒有抄捷徑的方法，如果你想一步登天，這是在開自己的玩笑。

投資追求的是長期的利益

橘子早上拿了某投資月刊進辦公室，隨後就在案牘前埋頭苦讀了起來。她努力的在月刊的字裡行間，尋求可以運用的話術。因為客戶要她保證公司推薦的基金一定會賺錢，才肯向她購買「投資型保險」。可是投資又一定是風險與利潤並存的，所以不知道要如何說服客戶。

別忘了投資市場並非都是風平浪靜，向客戶告知投資的風險，是正確且必要的做法。因為，天下沒有白吃的午餐，客戶如果不想承擔風險，又要有高獲利的想法太天真，需要趁機教育一下。真正的問題應該是要如何說明，才能讓客戶瞭解風險，而且願意向我們買保險呢？

我想我可以從二個觀念著手：

一、年輕的你，應該為年老的你開戶

二十五歲的你，應該比三十五歲的你，更認真努力；而三十五歲的你，應該比四十五歲的你，更認真努力；而四十五歲的你，應該比五十五歲的你，更認真努力；而五十五歲的你，應該比六十五歲的你，更認真努力……也就是說切勿「少壯不努力，老大徒傷悲」。

「投資型保險」就是保險費扣除保險成本之後，剩下的保險費拿去做投資，讓客戶同時享有保障以及投資的雙重效果。所以在年輕有能力承擔風險的時候，為年老開一個「安心」的投資帳戶，才不會到老的時候才後悔莫及。要知道貧窮是對長壽的一大懲罰。所以生涯規劃要趁年輕，千萬不要讓二十五歲的你，欺負六十五歲的你。

二、現在是投資的好時機～給信心不給承諾

Covid-19的疫情，加上俄烏戰爭、中東地區戰火蔓延，再來個川普來亂，造成全球經濟不景氣。而許多報紙、財經雜誌、電視媒體報導是危機，但也是轉機，認為未來一定是景氣復甦的時機。巴菲特說：「投資就是別人恐懼的時候你貪婪，別人貪婪的時候你恐懼。」這個千載難逢的時間不投資，難道要等到景氣大好，大家都賺錢的時候才說「早知道就……」，「千金難買早知道，萬般無奈沒想到」不是嗎？

一個成功的業務人員要有三信心：**對保險有信心，對商品有信心，對自己有信心。這樣才會讓客戶對我們有信心，完全的自信，相信自己做得到，才能在我們的行業中出類拔萃**。而保險賣的是時間，是未來的保障，即使未來充滿了變數，業務人員一定要保持樂觀，要誠實告知風險與效益，讓客戶對他們的未來充滿希望。

☺元氣保險金句：

投資絕對不是一件簡單的事，不然滿街都是有錢人了。

心法30

拜訪量定江山

保險行銷並不是什麼高深的學問，保險是「知易行難」，也就是說入行並不難，難的是缺乏行動力。而大部分的業務員都是「想的時候天下無敵，做的時候四肢無力」。其實業務人員想知道的答案全在客戶口中，只有走到客戶面前，發問適當的問題，才能創造出成交的契機。這就是「拜訪量定江山」的意思。**業績的成效就在於業務人員的行動力，而業務人員的行動力要高，就是要「勤拜訪」**。所謂「一勤天下無難事」，唯有勤拜訪，才能累積業績量。

舉例來說，辦公室有兩個業務人員大摩與小麥，業務人員大摩要求自己每天必須拜訪三個客戶；小麥則認為隨性就好，心情好就多跑幾家，心情不好乾脆就在家休息。幾個月下來，大摩的業績，是成穩定而持續的成長，而小麥的業績，則時而高時而低，非常不穩定。

其實，從這個案例就可以預測，大摩一點一滴，慢慢累積成功的前景。反而小麥，工作量忽高忽低，業績就像天上的月亮，初一十五不一樣，可能在某次的失敗中，就被這個職場淘汰了。由此可知，在保險業只有工作不穩定的問題，沒有收入不穩定的問題。業務人員的業績，是奠基在勤拜訪，所以**「拜訪量定江山」**這句話是不二的真理。

記得剛進入公司的第一年，公司舉辦全省的業務研習營。我向一位資深的前輩請益，他總是非常睿智並帶有禪機地，向我們闡述輔導的經驗與技巧。

課堂上曾有學員發問：「請問前輩，我現在有兩個業務人員，其中有一個業務人員很認真，而另一個很不認真，我要如何輔導，才能讓那個不認真工作的人變認真呢？」

他回答：「報告這位學員，你的問題我了解，唯一能解決的方法就是再找兩位業務員人員，其中就有一位認真，一位不認真的。如此一來，你就有兩位認真的業務人員與兩位不認真的業務人員了。」

「請問前輩，您不是告訴我們，拜訪十個客戶就有一個會成交。可是，我已經拜訪了十個客戶，但仍然沒有成交？」

「報告這位學員，你的問題我了解，唯一的辦法就是繼續拜訪十位，根據經驗，就會有二位成交」……這就是那位前輩的禪式輔導。

在我的業務工作上，體會到「拜訪量」的重要性，所謂：「量大人瀟灑」，面對拒絕，千萬不要放棄，要持續拜訪。一旦你放棄了，它將成為一個習慣。想要優雅的做保險，這些禪式的輔導技巧，也是致勝的關鍵，在業務工作上總是能歷久彌新，讓人受益匪淺。

☺元氣保險金句：

拒絕不是壞事，是好事，越多的拒絕，會有越多的成交。

心法31

保持有點黏，又不會太黏

一般的業務人員，要嘛猴急到一見面就找人家買保單；要嘛是客戶已經發出購買訊號，卻不做進一步的回應，無法拿捏好分寸，造成進退失據。好的業務人員與客戶的社交距離最好是「有點黏，又不會太黏」。讓客戶在需要我們的時候，就看到我們，不需要我們的時候找到下台階，暫時告退。

與客戶互動，保持「有點黏，又不會太黏」是非常重要的技巧。談保險通常不會一次成交，需要順藤摘瓜，所以接觸後的追蹤會比開發客戶重要。要收集足夠的資料，就像是「情蒐」一樣。避免在短時間內拜訪同一位客戶太多次，這會讓客戶覺得不耐煩。這些情蒐及訪談的紀錄可以歸納出拜訪客戶適當的時間與次數，這就是「熟能生巧」的道理。

一般的業務員常犯的毛病就是碰到人就一直談保險商品，這種交淺言深的舉動，是適得其反的作法。業務員可以積極，但是不必著急。從生活化中找到一些適合的題材，帶入一些保險的意義和功能，先觀察客戶對保險商品的反應。例如：遇到護理人員，可以說：「我們公司有一種非常適合護理人員的保單，改天送給你參考，可以先聽聽看，買不買無所謂。」；遇到老師，可以說：「我們公司有一種保單，非常適合老師，改天送給你參考，先聽聽看，買不買無所謂。」；遇到開店做生意的老板可以說：「我們公司有一種保單……買不買無所謂。」這種問話方式比較沒有壓力，也是不錯的起頭語。

但已經起了頭，就不能虎頭蛇尾，再嘗試將商品的特色轉成對客戶的效益。當客戶有正面的回應時，都應該持續關注或送上建議書，即使被拒絕，或放鴿子，至少我們有把動作完成。請記

住：把動作做完成很重要！成功模式有標準行為準繩，創造一套自己從接觸到說明的SOP流程，掌握適當的拜訪頻率，就不會讓客戶感覺到煩。

世界上最厲害的棒球選手平均打擊率大概三成多左右，也就是說每三次上場打擊，只有一次上壘的機會，這意味著失敗的次數大於成功的次數是正常的。成功不是廉價品，要不斷地訓練自己、強化自己。業務員有送建議書的義務，告知客戶如何購買合適的保險，至於能不能成交那是客戶有沒有心動的問題，就要看平日的訓練夠不夠了。

☺元氣保險金句：

在我的保險規劃中，「用不用得到」根本不是個問題，問題是「萬一用到了，我是不是準備好了？」

心法32

業務員的「三不政策」

許多業務人員在做策劃會議的時候，為了面子問題都表現出非常有衝勁，喜歡把業績訂得高高的，讓主管看得心花怒放。事實上，在達到目標之前的「執行」，總是充滿了變數。例如：臨時有事、要接送小孩、車輪爆胎、父母親生病、同學結婚等等，因為很多雜事的原因，理由編得冠冕堂皇，總是把「計劃趕不上變化」當藉口。因此執行的結果，常常與當初設下的目標有很大的差距，打腫臉充胖子的結果就是**你的藉口愈完美，收入就愈不完美**。

保險是高度自由的行業，要有自我驅動的意識，若缺乏自律就很容易變得怠惰而不自知。當別人忙著改變，而你忙著抱怨，誰勝誰負你知道的。做事有原則就不會亂，有計劃就不會忙，做好前置量與流程的管制才是重點。做保險的人都知道「人生無常才正常」。但是，業務人員更要知道，當我們面對難關，退無可退的時候，自己要有一條底線，心中要架起最後一塊「堡壘」，逾越了這個底線，就沒有退路了。為了讓自己在保險這條路上能走得遠、走得久、走得更順利，業務人員的最後底線就是「三不政策」：**不離開公司、不離開主管、不離開市場**。

成語故事中《南轅北轍》，是形容一個人明明要往南行，可是車輪卻朝向北方。方向錯誤，速度越快結局越是適得其反。我們看到許多業務人員，表面上是計劃成功，可是卻在做與成功相反的事－早上還在辦公室呼口號：「一定要上高峰」，下午就約同事喝咖啡聊是非了。這種「背道而馳」，說一套做一套的做法，永遠不可能到達目的地。業務員現在要做該做的事，以後才能做想做的事，但是大部分的業務員都在做想做的事，不做該做的事而不自覺，認為自己只是「臨時有事」，偷懶一下而已。這種僥倖的心理，不知不覺中已經種下了日後失敗的種子。

成功的業務人員應該不離開公司，在公司接受訓練，培養專業及良好的工作態度；不離開主管，接受主管的激勵與輔導，運用團隊力量讓自己成長，並成為一個領導者；不離開市場，勤於拜訪客戶，做好售後服務，贏得口碑與信任。

只要緊守「三不政策」：不離開公司、不離開主管、不離開市場，成功必然可期！

☺元氣保險金句：

自律，不是壓力下的乖，而是價值感生出來的光。當我們的心中有了這道光，自然會往光走。

心法33

退後原來是向前

推銷有兩難：第一是要從客戶口袋中把錢掏出來，很難；第二是要把觀念放進去客戶的腦袋中，更難。因此**在推銷保險的時候，展現同理心是很重要的**。同理心是站在客戶的立場上思考他的問題，此刻切記不要理直氣壯，理直也可以氣和、理直氣柔的力量更大。菜根譚：「手拿青秧插滿田，低頭便見水中天，身心安頓方為道，退後原來是向前。」便是這個道理。

客戶不願立刻成交保單，一般可分為以下四種狀況：

第一種是不良經驗型：對於這樣的客戶，業務人員可以根據契約的內容加以說明，並提供客戶看契約條款時所應該掌握的重點，或佐證一些理賠實例，提醒保險是契約精神，客戶只要誠實告知，保險單上有買的都會賠。

第二種是錯誤認知型：大部分的客戶在買保險的時候都會嫌太多，在發生理賠的時候又會嫌太少；或者平時不想投保，等到健康檢查發覺身體不適時，才急急忙忙來投保。顧客心存僥倖的心態可以理解，但也必須告訴他們「告知義務的重要」、「要買才有賠」、「買保險要趁早」、「千金難買早知道」的觀念。

第三種是道聽塗說型：這個時候，我們可以跟客戶做出承諾，向我們買的是「安心」，而不是「擔心」，並用熱情及誠信打動客戶。保險雖然是推銷業，但是專業服務才是推銷的本質，用服務代替推銷才能事半功倍，用心服務才能獲得客戶真正的信任。

第四種是個人心態型：即便是遇到這種已經對保險產生偏見的客戶，只要秉持「同理心」的態度，真誠的為客戶著想，不用話術來欺瞞客戶。當然如果遇到不合適的客戶，也不必太勉強，畢竟保險推銷並不是一個委曲可以求全的行業，不要將現在的「業績」，成為未來的「業障」。

保險服務其實是很抽象的，一般我把它分為兩種：第一種是保險契約內容的服務；另外一種就是非保險契約內容的服務。保險契約內容的服務是專業的展現，非保險契約內容的服務是提升客戶的好感度，雖然方式不同，但是有異曲同工之妙。

業務員雖不需要二十四小時全年無休，但至少讓客戶知道在上班時間，一定可以聯絡上你。即使客戶發生意外或是疾病第一時間是找醫生，但是後面的諮詢和理賠服務，就必須仰賴我們了。如果服務得好，名聲自然傳開，客戶一定樂意推介他的朋友，向我們買保險。

客戶可以有說「不」的權利，但業務員一定要有告訴客戶「保險」的義務。意思就是要有前進一尺的勇氣，也要有退後一寸的從容。業務員只管去推銷，先不要考慮客戶要不要買，因為我們都不知道「明天與意外哪一個會先到」。業務員展現同理心，用聆聽、認同與讚美的技巧來促使客戶成交保單，讓客戶及早享有保障絕對是功德一件。

☺元氣保險金句：

面子不重要，拿得起放得下才自在。

心法34

做業務出頭天

做業務很辛苦嗎？創業很難嗎？有沒有第三種選擇可以讓我們只要具有創業者的熱情及動力，而不必受限於資金、團隊及市場的考量？我覺得從事保險業務工作就是。

創業成功的因素不外乎：資本、技術、團隊、市場及生意模式。對於一個創業者來講很難面面俱到，要嘛缺很多項，要嘛就缺關鍵性的一兩項。而每個事業成功因素各自不同，每個人的天賦也是不一樣，所以想要創業的人要檢視自己到底擁有什麼？還缺少什麼？

從做保險也是創業的角度來看，從事保險業務不管你的專長是推銷還是增員輔導，都可以有揮灑的空間。有些主管，擅長增員及輔導，他們透過增員及輔導，激勵業務員士氣，創造非凡的業績，甚至可以帶領數百人，甚至數千人的團隊，達到內部創業的目的。

所以找到合適的公司，透過持續優化的制度，透過對的經營團隊成為夥伴關係，就成了符合自己專長的選擇。畢竟站在巨人肩膀上可以看得更遠，此時只要發揮所長，適才適所，將知識、經驗傳承才是明智之舉。

對喜歡行銷的業務員而言，專注在客戶經營的角度，要奉行的是「長期主義」。買保險除了要付錢之外，可以說是最沒有副作用的商品。甚至我常常訪問客戶：「如果保險不用錢，你要買多少？」答案絕對是：「有多少買多少。」

人生風險多，財產及人身都有，但如何挑選適合的保險，合理規劃保障，需要學習知識，所以業務員可以透過不斷地累積客戶，增加優質的客戶，協助客戶規劃與做決定，達到內部創業的目的。

買保險不是躲過所有風險，而是在風險來臨時，擁有從容自信的生活態度。客戶因為信賴我們，簽下一份保單，一開始好像是我們獲利，但是經過良好的服務，讓客戶透過長期持有這張保單，而最終受益，達到雙贏的效果。在保經公司業務員更可以透過傳承和續佣可攜的制度，即使年紀大也能保持活動力，讓服務也能夠賺到錢，避免客戶的保單成為「孤兒保單」。

對於保險事業的經營，喜歡推銷的人可以建立自己的市場和品牌，忠於客戶和自己銷售的商品，不只在開發新客戶時慎選客戶，對於售後服務更是如此。雖然我們對保險的意義與功能深信不疑，但是在面對客戶時，不要忘記站在對方的立場，用共同的語言，感受客戶的需求。而擅長增員輔導的人，更可以「以培養更多更優秀的業務員」為己任，共同為保險的正向發展盡一份心力。保險是家庭的守護神，教育業務承諾對客戶的服務更是業績的來源，也是良質的互動。

一個成功的保險業務員應具備的稟賦有多樣，其中最重要的莫過於對事業的投入與執著，善良與正直。我們也要以這些標準來教育傳承給下一代，以身為一個傳播愛與責任的保險業務員感到光榮。

☺元氣保險金句：

增員靠風氣，環境靠人氣，業績靠士氣，成功靠志氣。

心法35

活動，活動，要活就要動！

在非洲的大草原中，有一隻羚羊，每天早晨當太陽升起時，牠就準備好要跑路，牠知道每一秒都必須要小心謹慎、戒慎恐懼，因為只要牠一不小心，可能就看不見明日的太陽，成為獅子的點心。

同樣的時間，在非洲大草原的某處也有一隻獅子，當早晨的太陽升起，牠睜開眼睛就開始準備好跑路，因為牠知道，如果牠不努力狩獵，那麼今天的牠—萬獸之王，將要餓肚子，這個就是大自然的生存之道。

誠如大文豪狄更斯所講：**「這是個充滿危機的時代，也是充滿機會的時代。」**各行各業都以十倍的速度在轉變。世界有如一個競技場，輸贏得看自己如何在職場上求生存、求發展。

我覺得要預知前途的方法就是創造未來，以下六點提供大家參考：

一、努力工作：保險業務這份工作是勞力密集的工作。所謂「拜訪量定江山」，這句話一點也沒錯，不是資金密集（因為我們是無本創業），也不是技術密集（說穿了，保險那有什麼專利技術可言），更別談需要高學歷了。做保險只要一勤天下就無難事了，所以努力工作是保險成功的不二法門。

二、努力工作：現在雖說時機不好，但危機通常是轉機。銷售保險是主動出擊，如果我們是開公司、賣化粧品或者是一般上班族，沒有客戶時連走出去「拉」的機會都沒有。只能空嘆息、怨天尤人了。

切記一句話「今日不努力工作，明日就要努力找工作。」現在有工作，卻不努力工作，做一行怨一行，難道要等到沒有工作了，才徒呼「早知如此何必當初？」

三、努力工作：「少壯不努力，老大徒傷悲」。根據統計，一九六六年每一個婦女生五·五個小孩；一九八六年每一個婦女生一•六七個小孩；二〇〇二年每一個婦女生一．一六個小孩；到現在二零二零年每對夫妻生不到一個小孩……在這個「生不如死」（生育率低於死亡率）的年代，以後有四分之一的人沒有下一代。有人說「靠山山倒，靠人人跑，靠自己最好。」現在不努力工作，難道要等到年老的時候才努力工作？

四、努力工作：聖經說：「今日含淚播種，他日必歡笑收割。」保險是一分耕耘一分收獲的事業。在保險業能連續得獎的人，絕不是年年僥倖，而是年年努力的結果。有句話獻給剛入行的同仁：保險業是另類的自行創業，要禁得起挫折，也要禁得起被澆冷水，畢竟「此時不低頭，何時才抬頭呢？」

五、努力工作：在其他行業，礙於學位、關係、年齡……努力不一定成功，但是在保險業，我可以拍胸脯，努力一定成功。如果不成功，代表還是不夠努力。原因無它，「勤能補拙」罷了。我問過許多成功的業務員成功之道，幾乎所有的答案都是「持續而認真地拜訪客戶」。

六、努力工作：保險事業成功與否是可以量化的。我們有努力的目標，有一個明確的指標在等我們，例如：擁有一千個客戶或轄下一百個業務員。如果成功必須吃二公斤的苦，我們要用二年、十年或二十年來完成呢？有人說買蓮花一定要買早上盛開的蓮花，因為早上是蓮花盛開的季節，如果它早上不開花，那麼就算等到了下午或晚上也一樣不會開花。所以何不趁年輕給自己一個未來創造成功的機會。

太空梭還沒有到大氣層之前，都是要一直往上衝的，否則掉下來會很慘。下決心選擇作保險的業務員也是要下定決心，找一千個要認真工作、努力工作的理由。在工作中成長，在學習中成長。「吾心信其可成，雖移山填海之難，亦有成功之日；吾心信其不可成，雖反掌折枝之易，亦難有成功之時。」

☺**元氣保險金句：**

「跑起來，不要慢慢走。不僅為了捕食，還是避免成為獵物，都要衝刺。」

～輝達創辦人黃仁勳

第三章

深耕

永續經營與自我實現

把自己的名字當作是
名牌來經營，
就沒有偷懶的理由。

心法36

主管是業務員的標竿

除了推銷，協助業務員成功，也是主管的工作之一。保險公司業務人員的訓練，大都是運用師徒相授的方式，也就是由有經驗的主管帶領新進的業務人員，從專業知識到推銷技巧，甚至陪同到客戶端作業，一步一腳印，手把手將經驗傳承。

所以業務員對主管的提攜之恩要常懷感激，因為業務員以後也會成為別人的主管。業務員要喜歡「一個人」，讓許多人喜歡我們；尊敬「一個人」，讓許多人尊敬我們，而這「一個人」就是你的主管，這是職場的潛倫理。

主管扮演著亦師亦友的角色，在保險的路上，一位無私的前輩帶領，對於業務新人來說是非常重要的。要教導正確的態度與技巧，避免業務員一開始就把路走窄了，走歪了，也不要一味地要求業績，這樣子反而容易與業務員形成對立。

保險的主要工作內容包括「推銷、增員、訓練、激勵、輔導」。透過團隊，借力使力，利用早課做集體訓練，用陪同作業做個別輔導。訓練是談 K.A.S.H（K 就是專業知識 Knowledge，A 就是工作態度 Attitude，S 就是推銷技巧 Skill，H 就是生活習慣 Habit）激勵就是言教代替身教，輔導談 PESOS（P 是準備 Prepare，E 是說明 Explain，S 是示範 Show，O 是觀察 Observe，最後一個 S 是督導 Supervise）。

主管雖然要扮演伯樂的角色（選擇人才），但業務人員也會良禽擇木而棲（選擇主管）。所以主管和業務員互動

的方式、技巧與相關的輔導問題，會因時間隨著角色不同而產生不同的狀況。**激勵業務員的首要方式就是讓他賺到錢，業務員賺到錢，趕不走；賺不到錢，留不住，這個絕對是硬道理。**

有時新人所提的問題很籠統，這些問題不是三言兩語可以解決的，最好能夠培養業務員有「九分擺平自己，一分擺平客戶」的能力。世界上最無效的努力就是對業績不好的業務員掏心掏肺地講道理，你講的道理越多，業務員越反彈。能點醒一個人的從來不是說教，而是磨難。因為一個新的人員，有問題是很正常的，最好的方式是多碰壁，提高免疫力。少擔心，多關心，更不要嫌棄業務員的問題，主管在輔導時要用一種感同身受的同理心，永遠對業務員的問題給予肯定。

新人時期常被比較、棄撤，甚至退佣，這種狀況對他們來說是屢見不鮮，也是挫折感的來源。主管要用心傾聽，重新建立業務員的自信心和自我價值，並且訓練業務員如何告訴客戶佣金與服務品質的對價關係，向會退佣的業務員買保險，只是買了「擔心」而不是買了「安心」等等心理建設和反對問題處理的技巧。

主管的角色就像是業務員的師父，子曰：「師者所以傳道、授業、解惑也。」教導業務員正確的保險觀念、作業方式、態度和習慣，有時關心一下生活與財務狀況。要知道業務員的教練是主管，老師是客戶，讓業務員跟著主管學習，到客戶面前練習，讓業務員走向客戶所得到的經驗和成果必定更多。

☺元氣保險金句：

保險業不缺人才，缺的是培養人才的導師，就讓「元氣」協助你吧！

心法37／

以數字管理取代情緒管理

小安平常的出席狀況很好，業績也不錯，可是今天小孩子生病帶去看醫生，比平時晚到了一些。主管今天一早心情正不好，看到小安姍姍來遲，心中更是不悅，一進辦公室就被主管叫去唸了一頓。小安內心十分不爽：「今天剛好有事，就被叫去碎唸，真是太過份了！」

根據調查顯示：情緒勒索已成為影響工作效率的重要因素，有人稱為「職場霸凌」。在職場中，遇到難搞的上司、性格理念各異的同事，甚至是天兵業務員，都是常見之事。與主管溝通不順、團隊合作不順、職場流言或小團體、壓力等，都是會產生情緒的常見場景。

其實保險業務是合約制，自己就是老板，所以主管應該要用服務的心態來幫助業務員，為了讓自己的管理更加客觀，不流於情緒管理，要將他們所有的成績先量化以後，用數字管理，而非用情緒處理問題，讓業務員感到受挫、孤立。要針對問題解決，並且重新建立信心，才能真正協助到業務人員。

保險成績並不是今天做，明天就看得出效果。要如何評估業務人員的工作態度好不好？工作努力不努力？最好的方式就是用各種報表來做客觀的評估，這就是數字管理。

從業務人員每天上早課的「早課出席率」，就可以看出業務人員基本的工作態度。百分之百的出席率表示這個業務人員的工作態度很好，如果出席率在百分之七十以下，就表示這個業務人員的工作態度需要檢討了。

每個月的「保單繼續率」看業務員的服務品質，繼續率百分之九十以上的業務員，代表客戶的滿意度高，繼續率百分之七十五以下的業務員代表客戶的滿意度低，用數字來說話，最為簡單明瞭。關懷客戶，不是在收保費時才出現在他面前，而是平常就要定期定量的關心和互動。

每個月的「業績達成率」可以看得出來業務員所設定的目標，與實際達成率之間的落差，也可以了解業務員的執行能力。有些業務員熱情過度，訂業績時多浮誇，主管要避免調侃，反而可以利用其愛面子的個性，加強輔導及行動力的落實。

「出席率」看工作態度、「繼續率」看服務品質、「達成率」看工作的執行力，以上三個是

重要的工作指標。評估業務人員的工作成效，不是看一、二天的業績表現，而是要看連續幾個月的業績好不好。所以業務人員的輔導不是靠嘴巴講，而是要看數字。在保險公司用數字管理來評估業務人員的績效，有科學客觀的數據佐證，也比較不會流於情緒管理。

☺**元氣保險金句：**

主管的魅力不是天生的，它是一種包容與學習的過程。

心法38

用同理心對待業務夥伴

在人類的天性中，最深層的本性，就是渴望得到別人的重視，展現同理心是輔導時的重要態度，主管千萬不要說一套做一套。有些主管自以為經驗豐富，對於新人的問題常會有輕蔑的心態。這種心態會讓業務員望之卻步，不想與主管討論相關的業務工作，愈做挫折感愈重，最後終於陣亡。

有句話說得好：「未經他人苦，莫勸他人善」，主管在輔導的時候不要一直長篇大論，你講的道理愈多，他愈反感。適當的聆聽是輔導很重要的一環。主管的一句「你的問題我能感受」、「我想聽聽你的想法……」，可以讓業務人員的失落感頓時得到舒緩。**多用「聆聽、認同、讚美，展現同理心」的輔導技巧**，當同仁低落的情緒得到適當的放鬆後，他感受到背後的尊重，自我價值提高了，再開始確立共同的工作目標。

主管這個時候，再針對狀況提問業務員：「有什麼解決的辦法呢？」如此地把問題引導出來，讓業務員能正視自己的問題，進而找到解決問題的方法。好的提問不只是打開對話，更能讓對方回想起自己的熱情與初衷，這會比一開始就以批評指教的方式來輔導有效多了。

主管要永遠為業務員開一扇門，千萬不要把時間浪費在無謂的對峙、處理壞情緒或聽來的事情上。為了跟業務員能有更多接觸的機會，了解他們的工作狀況與問題，可以訂出一個時段專門騰出空檔來，到主管的辦公室泡泡茶、聊聊天，在輕鬆的氣氛中談談推銷、談談夢想、談業務人員遇到的各種問題。在聊天時切記讓對方說得比我多，永遠給予肯定，很多原本讓業務員感到困擾的問題，在這個聊天過程中就被輕鬆的解決了呢！

所謂「業績治百病」，成交保單絕對是解決挫折的萬靈丹，也是提升業務員免疫力的良藥。當業務人員成交保單時，那種快樂的心情很容易感染給其他同仁，所以激勵業務人員時，不要吝於給掌聲與肯定。

另外，除了「免疫力」，業務員也要培養本身的「自癒力」，也就是自我療傷的能力，把挫折作為以後當主管時分享的經驗。業務員可以利用一些活動，讓自己緊繃的情緒獲得紓解，在我早期做保險遇到挫折時，我會單獨的去看一場電影、到美術館或是圖書館吹冷氣，或者獨自一個人去游泳，反正就是一件自己可以獨立完成的事情。

好的業務員會在順境時藏住「本事」，不要逢人便吹自己的厲害。在逆境的時候藏住「心事」，不必找人訴苦，因為沒有人會同情你。他們知道挫折是生活的一部分，應該學會面對而非抱怨。

輔導的秘訣：在業績好的業務員稍微給壓力，業績不好的盡量給鼓勵，對於好事要揚善於公堂，對於不好的事情，要隱惡於私室，如此單位的士氣必定十分高昂。保險推銷就是關關難過關關過的過程，這一關過了，或許又會有「山窮水盡疑無路，柳暗花明又一村」的意外功效。

☺元氣保險金句：

在保險業，主管的天職是「當責」與「利他」。

心法39

創造被利用的價值

生意的大小，受自己的想法支配。想得小，這宗生意就小；想得大，這宗生意就大。想要做大生意，就要把格局放大，把自己的名字當做名牌經營。

愛瑪仕LV、CHANEL是世界知名的品牌，這些品牌的產品即使是各個價格不斐，卻仍得到非常多人的喜愛。為什麼昂貴的名牌會受到那麼多人的青睞？那是因為名牌的經營理念一定是一絲不苟的，品質也一定是值得信賴的。企業能夠提供高品質的產品或服務，進而增強客戶的信任，提升品牌形象。所以即使名牌的產品較為昂貴，但因為優良的品質，所以消費者仍會願意購買，這就是「名牌效應」。銷售的三要素：一個是需要的，一個是想要的，另外一個就是炫耀的。買一個LV的皮包帶在身上，會讓使用的人的身分增值。業務人員想要成功，就應該要把自己當作名牌來經營，讓客戶覺得向我們買保險是一件有面子的事，是值得炫耀的事。也就是說我們必須先有好的品質，建立好的口碑，要讓自己的名字變得響亮，當別人聽到我們的名字，就能認同我們的保險專業，相信跟我們購買保單是正確的選擇。

把自己當名牌經營的另一個秘訣就是，業務人員還要多方面創造被客戶利用的價值。當一個業務人員服務的能力不夠深或不夠廣時，客戶就不想再找我們加買保險，更別提介紹客戶了。如果走到這一步，那我們就要一直開發新的客戶，這樣工作起來是很累的，所以業務人員必須要提升自己的能力，創造自己成為名牌的價值。

除了一般保險的服務之外，我們也要不斷地學習，要求自我成長，讓自己有能力，提供一些保單以外的服務，創造自己不可以被取代的價值。有時客戶要出國旅遊、買車子、裝修房子，甚至

打球、宴客吃飯等等的事，他都會問我的意見，並幫他作好安排，因為我們已經從一個保險顧問，變成他生活上的顧問了。

要把自己當作名牌經營，重視自己的名聲與能力，堅持以客為尊，用心服務的精神要深刻到客戶能感受到，讓自己的名字與專業的保險從業人員結合在一起，不僅要成為MDRT（保險百萬圓桌），甚至是COT或是TOT（頂尖百萬圓桌會員）的一員，而且要求自己，用心服務的精神要深刻到讓客戶能感受到。

在職場上沒人會同情你的平凡軟弱，只會羨慕你的氣場強大。在現實的社會中，一般人不會雪中送炭，喜歡錦上添花。只要你做出名聲，客戶都會很驕傲的跟別人說：「我的保險是跟你買的，也會介紹親友向你購買。」

☺元氣保險金句

產品貴不是問題，問題是貴得有沒有道理。

心法40

用心經營，成爲名牌

保險是一份可以活到老做到老的行業，因為保險業務員靠的是透過專業為客戶安排合適的保單，這種行業年紀雖然大了，但是閱歷多了，也會成為一種優勢。業務員要把自己的名字當做名牌來經營，就是要建立在客戶心中的信任感，讓客戶交給你的保單能夠安心，而且願意介紹客戶，這就是「穩定交付」的精神。想要穩定交付，除了商品符合需求之外，更要提供良好的售後服務。

業務員成功的秘訣是主動推銷自己，穩定持續的工作，時時進修，且讓客戶容易與我們取得聯絡。我覺得在保險業要成功，首先找到你真心喜歡的領域，就開始模仿和創新，這就是最快的辦法。看那些成功者，他們怎麼做，你就怎麼做；他們怎麼經營，你就怎麼經營，要踩著成功者的腳步向前走。到保險公司的第二個月，我便開始聘請私人助理幫忙行政作業，聘請司機幫忙開車，以便能對客戶做更多的服務。客戶也知道我的努力和成就，才請得起助理和司機，而樂意向我介紹客戶。因為客戶是業務員衣食父母，除了服務好，也要讓自己變得更優秀，客戶自然把我們當成朋友來交往。

有人說，人生有三種東西會傷人：「苦惱、爭吵和空的錢包。」業務員要避免過多的苦惱和無謂的爭吵，要做好自己的生涯規劃，基本生活開銷的金錢一定要足夠，畢竟很多尊嚴和物質上的享受是建立在金錢之上。可以讓別人占小便宜，但是要把自己的財理好，客戶才會放心把財交給我們理。

「把自己的名字當作名牌經營」是很重要的事情，到了保經公司，也考上人身及財產經紀人的證照和國際家族傳承規劃師，算是「活到老學到老」的見證。保險是經營「人」的事業，把自己當名牌經營，每天學習一點點，進步一點點，成長一點點，這一點點累積起來就是很大的成長。當我們越來越成長，就能發揮出不可思議的價值、格局，眼界也會不一樣。當大家想到至聖先師－孔子、義薄雲天－關公、性感女神－瑪麗蓮夢露、經營之神－張忠謀、保險理財－你的名字，這樣子就把自己的品牌給建立起來了。

☺元氣保險金句：

把自己的名字當作是名牌來經營，就沒有偷懶的理由。

心法41

維持成功者的形象

業務人員要注意形象，要求自己的穿著必須要得體、合乎場合。畢竟專業寫在腦袋，客戶沒跟我們長期相處在一起，專業是很難被發現。保險的服務，也是要等到成交之後，客戶才能慢慢體會。所以形象非常重要，尤其人的三觀是跟著外表走，初次見面要穿著得體，一個人不可能給人兩次的第一印象，因此建立良好的第一印象是很重要的。

所謂：「佛要金裝，人要衣裝」，透過名牌服裝來襯出自己的專業形象。外表的形象能讓客戶感覺信任，朋友就會多，機會也會變多。如果客戶也認同我們的專業，慢慢地客戶對於我們的好感度就會建立起來。

剛出社會的時候主管曾經告訴我：「一個人有三項事情假不了：第一是口袋有沒有錢假不了；第二是腦袋有沒有東西假不了；第三是身體好不好也假不了。」這是金句良言，在年輕時口袋尚不夠深的時候，更要時刻提醒自己充實內涵，因為事業的成功與失敗，與自己的學問和經驗是有密切關係的。多讀書才不會與人交談言語無味或不知所云，如果在談吐中能夠適時展現出幽默感，那就更令人印象深刻。

另外，身體的健康也是很重要的，大家都說身體健康是「1」，財富是「1」後面的「0」，前面的「1」倒了，後面有幾個「0」有何意義？尤其保險業務是工作量大、應酬又多，如果不能固定運動，身體一定會亮紅燈。所以要規劃生活，開始鍛鍊身體，不要以忙做藉口，一個對自己人生負責的人，對家庭的責任感就會更重。

一**個成功的人不會想要和不成功的人在一起**，在一開始做業務時就花多一些錢，買些名牌的衣服穿。投資自己，穿出自信與品味，把自己裝扮成一個成功者的樣子。業績越做越好後，收入就會逐漸穩定，再將社交圈逐漸往上提升。我們要重視飲食，養成運動的習慣，保持體態，並要求自己每週至少看完一本書。偶爾也是要找時間欣賞音樂會或參觀美術展，提升自己的身心靈健康，交往更多不同領域有才德的人。

為何要與有才德的人做朋友？因為沒有才德的人會嫉妒你的成就，沒有辦法給你太多的幫助，只會浪費你的時間。和有才德的人做朋友，他們會幫助你，就是孔子所謂的「無友不如己者」的積極意義。朋友有規過勸善和事業上彼此互助的義務，和有才德的人做朋友，可以漸染芝蘭，進步於無形，更會讓許多人對保險業務員刮目相看。誰說「拉保險」不能也擁有自己的一片天呢！

☺元氣保險金句：

維持成功者的形象有四種錢不能省：一、良好外表的錢，二、學習進修的錢，三、旅行與閱讀的錢，四、保持健康的錢。

心法42

審時度勢，走在時代尖端

保險是把客戶擔心的問題，透過白紙黑字的合約，在保險事故發生時，給予經濟補償行為。買保險就是解決客戶的需求。業務人員在面對瞬息萬變的時代時，單一保險公司的產品，已經無法滿足客戶的需求，因為客戶不只知道問題的存在而已，他們還需要保險業務員提供解決的方案。

除了疾病或意外，客戶也有資產配置、贈與傳承、養老退休等等的問題。如果業務員不能提供相對應的解決方

案，而只是單純的在賣傳統型保單，那麼客戶就會找別人來服務。所以，業務人員一定要能提供客戶最恰當的商品，提升成為客戶生涯規劃的顧問，才不會被強烈的競爭淘汰。

在過去的三十年，台灣的投保率從不到百分之三十，到現在接近百分之三百，過去三十年是由單一保險公司主導保險通路，但是保險公司已經沒有辦法單靠一、兩樣熱銷的商品滿足客戶需求，保險業務人員也無法靠一招半式闖江湖，要因應未來的趨勢，做適當的轉型，才不會陷入「長江後浪推前浪，前浪死在沙灘上」的窘境。

根據壽險公會的統計，保險經紀人公司以及保險公司登錄業務員人數的消長，就可以看出未來的趨勢。保險公司礙於公司政策，會主力發展部分的商品，而保經公司可以針對客戶的需求，**挑選最合適的商品給業務員。保經公司的業務員可以透過多元的管道，將最好的商品提供給客戶，這是未來保險通路的趨勢。**

業務員要習慣性的主動出擊，從主動認識別人，讓別人也認識你開始，逼自己來適應這個行業，否則早晚會被這個行業所淘汰。而推銷正是人壽保險業務員的基礎，也是根本，不要害怕推銷，因為一旦保險業務員累積了三百個、五百個忠實的客戶，基本上在壽險生涯就立於不敗之地了。

達爾文的進化論：「物競天擇，適者生存，不適者淘汰！」現在有很多保險金信託、外幣保單、投資型保險等理財規劃的產品，推陳出新。業務員必須要求有這方面的證照和能力，並且隨時更新資訊與知識，如此才能有資格和知識替客戶提供建議。

千里之行始於足下，所以行動力很重要。除了要審時度勢，更要與時俱進，畢竟客戶也在成長，業務員要先把一些能力培養起來，要「學得竅竅，裝得憨憨」（台語），不要「學得憨憨，裝得竅竅」，否則早晚會被客戶拆穿西洋鏡。

☺元氣保險金句：

恐懼大都因為無知與不確定感而產生。

心法43

人脈就是錢脈

人生有兩本存摺：一本是現金存摺，另外一本就是人脈存摺。保險是「人」與「聆聽」的事業，透過與人的互動、關懷與信任，才能讓人脈與錢脈互相交流，不拒細流終成大海。而推銷保險是廣結善緣，銷售幸福的工作。所以，要慎選客戶，別把時間浪費在不值得的人身上。

在保險的生涯中，我最得意的事就是透過「保險銷售」結交了許多朋友，累積了珍貴的人脈。因為工作的關係，可以深入到客戶的家庭，認識到客戶的家人，累積了雄厚且真誠的友誼。雖然尚稱不到「相交滿天下」，但是吆呼幾位知己老友，放肆心靈交流，相互把酒言歡，也是平日工作上的一大樂事。

子曰：「友直、友諒、友多聞。」我的朋友大部份也是我的客戶，一路伴我在保險業從幼苗到大樹。他們在各行各業中都有一片天，其中有醫師、律師、民意代表、大老闆等社會賢達；也有正在「拚經濟」的一般小市民。客戶給我鼓勵和支持，給我諍言與觀念，給我鼓勵也給我醍醐灌頂，讓我減少犯錯的機會，也減少失敗的成本。

在剛出社會的時候，一位長者告訴我：「年輕人可以不認識錢，但一定要認識人；不認識人，卡慘死。」我奉為作業務的金玉良言。胡雪巖從一個跑街的小伙子，到叱吒風雲的紅頂商人，靠的也是人脈。透過保險業務，認識到各行各業的人，也讓人生多采多姿。我尋找客戶有三個參考的指標：就是比我年紀大、比我有錢、比我有學問的人。從拜訪這些人的過程中，即使沒有成交，但是他們的人生閱歷，就足夠成為我在事業上的一盞明燈。

所謂「花花轎兒人抬人」，說的就是和客戶「互為貴人」的概念。透過誠信、勤快、專業的保險銷售，讓我們贏得業績，也累積了人脈。幾十年來，許多客戶都感謝我當初不斷地說服他們做一件對的事，就是買保險。不管這幾十年來是飛黃騰達，還是事業起起伏伏，保險始終扮演著家人的守護神的角色，所以「保險業」是可以累積人脈「助人利己」的事業。

除了要累積人脈，業務員也要學習修剪自己的人脈，不要讓不好的人脈浪費了我們的資源。真正的朋友會讓你越來越好，假朋友只會讓你白忙活。朋友中有好朋友與壞朋友，如果不慎選朋友，好壞人脈一大堆，形象可能也亂了，不會有加分的效果。多與良師益友多多接近，多與更優秀的人為伍，自然就比較沒有時間和損友相聚，不知不覺就會發現大樹底下無雜草了。

☺ **元氣保險金句：**

巴菲特一生只做三件事：找到睡覺時也能賺錢的方法，專注自己的專長，還有與優秀的人為伍。

心法44

人生無從規劃起，只有隨時準備好

幾天前參加客戶張醫師的第三次一桿進洞餐會，我沒有說錯，是「第三次」。因為他的本業是醫生，卻能夠把球打得這麼好，大家都開玩笑說他最沒有人緣。業餘的球友打九十桿左右人緣最好，所以我便向他請教如何把桿數降低至九十桿左右的技巧。閒聊之間，他說其實想要把球打好並不需要什麼高超的技巧，最重要的就是規避風險以及減少失誤。

以標準桿五桿的長桿洞為例子，第一桿開球時若能避免下水，第二桿接球時把球放上球道，不要陷入長草區，送上果嶺的那一桿不要掉入果嶺前的沙坑內，果嶺上推桿時盡量把球送到洞口附近。把以上陷阱一一避免掉，桿數就能挺進九十桿以內。

若把打一場球比如人生的旅程，其實人的一生也有許多陷阱。不是常聽人家說：「人生應避免三件事：第一是少年不長進，第二中年又潦倒，第三是臨老入花叢。」有些人在少年得志，猶如第一桿開球很遠，但因為沒有做好理財的規劃，到了中年潦倒，年華已逝又窮途末路，再回頭已不堪回首。又或是到年老的時候不耐寂寞，也許老糊塗受到詐騙集團或美色的誘惑，將自己的老本拱手讓人。以上情形在現實的社會早就司空見慣，只不過大家都當作新聞報導不在意罷了。

打球的人都能體會，即使開球有了失誤，或者第二桿接球時誤入樹林或沙坑，不必心浮氣燥，只要好好地打下一桿，通常都能把傷害降到最低。因為我們知道危險的存在，所以都能小心謹慎地處理，往往都能逢凶化吉。同樣地，如果前一洞打了個 birdy（博蒂）就得意忘形，通常下一洞大都會打個 borgy（柏忌），反而把上一洞的優勢給吃掉。

人生雖如一場球賽，但是一場球打壞了，還可以重來，但真正的人生是無法假設，也無法重來的。如果能夠小心謹慎地規劃好自己的人生，避開可以預見的陷阱，隨時做最壞的打算做最好的準備，就是好的計劃；只要做好準備就比較不怕大風大浪的侵襲了。

曾經看過一部紀錄片，候鳥飛越地球的奇蹟，這是一場壯濶之旅。科學家很好奇候鳥為何能夠從加拿大飛行遷徙千萬里到達南半球的委內瑞拉？後來他們發現候鳥在飛行時嘴巴會含一支樹枝，當牠們累的時候要休息，就把嘴上的樹枝放在海裡讓牠們做短暫的休息，在茫茫了大海中，**保險就好像候鳥嘴巴的樹枝，雖然有點負擔，但是讓候鳥平安的飛越太平洋到達南半球卻是沒有問題**。

人生就像候鳥橫渡大海一樣，要選擇適合自己的樹枝。在年輕有能力的時候，好好透過保險來規劃人生，雖然有點負擔，但是平安度過一生絕對沒有問題。因為別人沒有義務來撫養我們的父母及子女，不是嗎？

買了年金保險，避免老又沒錢的風險；買了醫療保險或是長期照護保險，規避了面對龐大醫療費用而一籌莫展的風險；買意外險，規避了當意外發生時，全家頓失經濟來源的風險。我們可以努力賺錢，用心投資，但對於家人真正的保障，我想除了買保險之外，沒有更好的選擇，也是責無旁貸的愛心表現。

☺元氣保險金句：

沒有人可以絕對把握事故的發生，但是懂得風險管理的人，不會遇事驚慌失措，因為一切都在其掌握之中。

心法45

我們留下的是遺產還是遺憾？

《台灣著名女星大S驚傳和家人於新春期間到日本旅遊，因流感併發肺炎搶救無效後過世，享年四十八歲。家屬決定在日本火化後，將骨灰帶回台灣安葬。然而，這場突如其來的噩耗，讓粉絲心碎！》

這則新聞在過年期間特別引人關注，而留下數目龐大的遺產，包括：房產、投資等各項資產。遺產事宜該如何分配，瞬間也成了媒體的焦點以及各關係人角力的新聞。姑且不論當事人生前的婚姻關係及財務狀況，是否有留下遺囑？是否作信託？是否買了保險？能夠按照當事人的意願作安排？如果沒有做好安排，這些複雜的問題都會造成下一代關係生變的原因。

名人過世造成的爭產問題，讓夫妻失和、父子反目、兄弟鬩牆……相關人搶成一團早就不是什麼新鮮的社會新聞，我們真的要趁早思考一下：究竟我們辛苦打拚一輩子，留下來的是遺產還是遺憾呢？要如何避免類似的事情發生？

除了損失填補以及稅賦優惠的經濟補償功能，為了資產傳承給下一代，保險給付還可以提供預留稅源給國稅局，作為子女繼承遺產的資金來源，以及指定受益人，讓財富能夠依照要保人的意思給付給他想要的人。

台灣隱形的富豪非常多，但不管你的財產有多少，**沒有規劃，最後財產歸誰，是法律說了算；有規劃，財產歸誰，是你說了算！**上一代通常因工作忙碌，沒有資產傳承的知識和觀念，因此在財富傳承的時候，繼承到的往往不是遺產而是遺憾！

常見的樣態有：

1、交待家人在過世後提領遺產，造成違法。
2、重病時將資產轉移給配偶以及子女，反而要繳更多的稅。
3、賣資產變現繳稅，緩不濟急。
4、借用他人的名義，也就是所謂的人頭。這樣子事情變得更複雜，更多的時候是將財產拱手讓人。

5、不做規劃，認為船到橋頭自然直。結果是傳到橋頭不會自然變直，更多的是直接去衝撞碼頭，付出更多代價。

這些樣態，造成的問題非常多，但是會有以上現象，不是我們做錯了什麼事，而是什麼事也沒做。要知道**生老病死是人生必經之路，保險並沒有帶來這些問題，反而是解決生老病死問題的最佳工具**。

受益人的欄位填上誰的名字，考驗的是人性，以上的問題越早規劃越省力，也越簡單。在年輕以及身體健康的時候做好財務規劃，可以及時做好你想要做的事，未來還可以依照時間做適當的調整，我們辛苦打拚一輩子的財富，當然值得按照自己的意思做好規劃，避免讓遺產變成遺憾。不是嗎？

☺元氣保險金句：

投資理財是人生上半場該做的事，而資產傳承是下半場該做的事。

心法46

人生是一段旅行

當我們在事業上站穩腳跟後，可以開始好好的思考，如何讓生命更加精彩？那就是自我實現，這是佛洛伊德「需求理論」的最高境界。想想一生有哪些夢想，讓夢想一一實現，這往往是工作熱情的來源。

旅行與閱讀一直是伴我成長的動力。每年都會安排自己到國外一段時間，畢竟「讀萬卷書不如行萬里路」，在一個陌生的環境，往往會發現一種久違的感動。除了讓身體獲得適當的休息，更可以讓心靈充電。

「工作像螞蟻，生活像蝴蝶」是我的生活態度，曾經趁工作空檔到溫哥華六週的遊學之旅，而且也應喜歡畫畫的老婆要求，安排去梵谷的故鄉普羅旺斯造訪一個月，足跡踏遍了法國南部地中海的城市，住在葡萄園莊二週，到全世界唯一的葡萄酒大學研究葡萄的種植、採收、釀造和品嚐，並寫了本遊記留做紀念。

一邊努力工作，一邊安排深度旅行，旅遊與寫作也成為高壓力保險工作的附加價值。除了寫成「元氣」和「孔子教你做保險」兩本保險工作行銷和輔導的書，在巴爾幹半島的旅遊、在伊比利半島的旅遊，到中歐、到日本的旅遊……也寫成五、六本的旅遊書，這些旅遊日記也成為生活的題材，成為以後吹牛的本錢。

人生就像一段旅行，走過的路，都成為背後的風景，也走出眼前的瑣碎，找到人生的真諦。經典電影《羅馬假期》裡，有一句流傳於世的名言：「要麼讀書，要麼旅行，靈魂和身體，總要有一個在路上。」（You can either travel or

read，but either your body or soul must be on the way.）

當初堅持從事保險這個行業，辛苦走過了，見的世面也多了。我看到有許多人得了「成功上癮症」，也盲目追求物質。所以要慢慢地找回抱著初衷的自己，就是透過保險的銷售提升家人的生活品質，保障客戶的資產安全。三十年過去了，如今回首會發現，原來在意的那些檻根本不算什麼，得獎紀錄也不算什麼，不再執著無謂的堅持，人也變得不再臭屁。**慢慢覺得賺錢不是人生唯一目的，而是購買生活的體驗。**

保險這份工作，追求的不是只有業績，家庭的經營、親子的關係、個人的成長與健康的身體一樣重要。以前太多的掌聲來自業績表現，現在的工作重點就是把這個宗旨分享給業務員和客戶，懷抱初衷，結伴而行。要做自己人生的指揮家，追求生活工作的平衡更是重要。多愛自己和家人一點，不必攀比，和別人比較那是給自己找麻煩。在享受自我實現滿足感的同時，也不要忘記給辛苦的同仁和客戶一個掌聲。

☺元氣保險金句：

人過得好的時候，就會原諒很多事情，自己內心有了力量，就懶得跟外界計較。

心法47

珍惜每一份情

有些業務員擔心做保險到最後會沒有朋友，親戚間互不往來。其實生活有許多煩惱，都源於我們盲目的猜測別人怎麼說，卻忽略了生活的真正意義。客戶與朋友哪一個重要呢？以業務員的立場我挑選客戶，因為客戶才是我們的衣食父母。

而且保險的客戶是業務員可以挑的，我把支持我的客戶當成是朋友，只怕沒客戶，不怕沒朋友。真正的朋友，就是會幫助我們，認同我們的人。選擇客戶當成真心的朋友，為人生創造互利共好的價值觀，這與一般的生意場合嘴巴上稱兄道弟，私下互拆舞台的酒肉朋友真誠多了。

做保險一開始自以為我的朋友很多，業績應該沒有問題，後來才發現不是那麼一回事。從此就認清事實，從頭開始建立在保險公司的人脈，**並把客戶當作最好的朋友**。因為他們重視家人，也重視友情，這才是正港「有情有義」的朋友。

曾經有個客戶有感而發的告訴我：「人一生要有三種朋友：第一種是醫生，第二種是律師，第三種也是最重要的，那就是保險業務員。一個好的保險業務員很重要，醫師可以在日常生活中，發生醫療問題時隨時請教；律師可以在有法律糾紛時捍衛你的權益。但是只有第三種朋友，也就是保險業務員，才能在發生急難時提供必要的保險諮詢和理賠服務給我們，不是嗎？」

我覺得：「人生就像進行曲，演奏者是自己，聆聽者是別人。」如何讓自己生命樂章在不同的階段都是幸福相隨的，端看自己如何規劃。而有能力規劃自己生涯的人才是有福的人，不是嗎？

第一部曲～英雄交響曲：在創業階段自己才是家庭的重心，也是印鈔機，因此提高保障絕對不可少，否則前面的「1」倒了，後面幾個「0」又有何意義呢？

第二部曲～浪漫交響曲：給家人幸福與保障是責無旁貸的。保險金是責任與愛心最好證明，它甚至比鮮花鑽石來得更實際，此時，何不給摯愛的家人來個浪漫的交響曲呢？

第三部曲～快樂頌：人生最怕意外，任何的生涯規劃都要考慮到風險。保險專業用心，幸福人生相隨，利用資產配置理財信託及利變型的萬能保險，可以讓人生更加安心。

第四部曲～田園交響曲：在年輕有能力的時候就規劃養老計劃，越早準備越輕鬆。透過時間的複利價值，利用定期定額的投資型保險，除了享受保險公司高額保障之外，又能夠達到投資的效果，讓你的錢不要只在銀行吹冷氣，而是二十四小時提供保障、增值及免稅的功能。

第五部曲～月光協奏曲：人生七十才開始，是開始享受而不是開始打拚。儘管是歲月催人老，但是保險有辦法使他感到安全，因為老並不可怕，老又沒錢才可怕。月配息保險提供穩當的配息又有身故保本的機制，不怕一不小心錢

就被詐騙集團騙光。有老本、老伴、老友，如此的人生才算完美。

業務員只要努力工作成交客戶，必能從客戶中找到真正的朋友，這是業務員的生存之道；要讓自己成為樂團的指揮，身旁的人成為演奏的樂手。感謝所有的客戶，不管保險金額大小，都用「購買保險」來表達對家人的愛心與對我的肯定，這份心我會一直珍惜。

☺**元氣保險金句：**

生活中的許多煩惱，都源於我們盲目的和別人攀比，卻忽略了人生存活的真正意義。

心法48

預測前途最好的方法就是親自創造它

相傳一則故事：「很久很久以前，遙遠的山頂住著一個老人，老人非常有智慧。許多人都大老遠過來向他請教問題，希望他指點迷津。老人總能切中問題核心，而且只要按照他的方法去做，結果都會非常圓滿，於是很快的就聲名遠播。

在山腳的村落有一群男孩，也常常上山請教老人問題，老人也能夠給予正確的答案。一段時間之後，「不斷地想出問題考倒老人」變成這群調皮男孩的一個小遊戲。

有一天，帶頭的男孩阿朗姆把其他男孩叫過來說：「我終於找到一個可以考倒老頭的辦法了！在我手中有一隻鳥，我們可以問他這隻鳥是死的還是活的。如果他說是死的，我就張開手讓鳥飛走；如果他說的是活的，我就用力把鳥捏死，所以不管老人怎麼說都是錯的。」

這群男孩非常興奮，迫不及待上山去，老人注意到男孩急切的表情，男孩上前問：「長者，我手中有一隻鳥，牠是死的還是活的？」老人凝視著男孩狡黠的眼神，安詳的說：「這隻鳥是死是活，答案掌握在你的手中。」

這個古老的寓言故事是要告訴我們：**每個人生活中遭遇的事，都掌握在自己的手中。一個人要為自己的前途負責，一旦決定了就面對，就不要逃避。**

在六十歲時選擇從單一保險公司轉換跑道到保經公司，所謂：「老馬識途」，在保險業我也算是識途老馬了，我認為保經公司成為保險通路的主流已經是趨勢，因此選擇一家值得投入的保經公司成為我短暫休息後「再出發」的起點，做的也是喜歡而且再熟悉不過的工作，所以一點違和感也沒有。

我相信所謂的「成功」，是日復一日、年復一年努力的結果，在職場上靠的絕對不是運氣，而是一次又一次不退縮的選擇。光羨慕別人，自己不付諸行動，將離成功越來越遠。而我從事保險最大的成就就是能夠掌握自己的未來，用自己喜歡的方式生活，為人生做些美好的事。

「透過保險的銷售提升家人的生活品質，保障客戶的資產安全」是我的工作初衷，逐漸地保經公司已經成為業務的主要通路，因此決定轉換跑道到保經公司，繼續自在快樂的做自己喜歡的事業。

根據保險法的規定：「保險經紀人是基於被保險人的利益，訂立保險契約提供相關服務，而收取報酬或傭金之人。」成為一個保險經紀人，當然要有透過專業知識和經驗服務客戶的義務。

各單一保險公司的政策與主要商品本來就是各有長短，可是保經公司能夠提供更多的商品更好的條件給客戶，因此業務員在推銷的時候反而能夠更專注在商品是否能夠給客戶帶來更大的效益。當業務員的武器變得更先進、更精準，行銷時當然會覺得事半功倍，這也是我離開原來的舒適圈，重新再出發的原因。

誠如我在心法18所提，沒有厲害的業務員，只有厲害的客戶，沒有支持你的客戶，業務員什麼都不是。以下幾個短短的字句和大家分享：「做人有四忌：一忌捨不得；二忌輸不起；三忌放不下；四忌看不開。」所謂：「捨不得，動彈不得；放不下，付出代價。」我喜歡「作自己」，也只有認識自己和把握自己，一輩子才能活得更加通透。

☺元氣保險金句：

超越別人不能算是真正的超越，超越自我才是真正的超越。

心法49

不要掉入選擇的陷阱～談巴菲特的投資智慧

心理學家兼作家吉爾伯特（Daniel Gilbert）在其著作《絆倒在幸福上》中指出「稟賦效應」在各方面滲透我們的生活。什麼是「稟賦效應」呢？「消費者在買下一輛汽車之後會對其品牌評價更高；大學生在進入校園後會對該學校的看法更為正面；應徵者在進入一家企業後對其評價也更好。」這種心態，套用到投資上，會讓投資人更難放棄虧損的投資。投資人的心理陷阱：喜歡賺錢，但更討厭虧錢；就是寧可少賺，不願多虧的想法。而這就是一般的投資者常犯的「稟賦效應」的謬誤。

巴菲特在做投資選擇的時候，都會問自己一個問題：「如果我當時沒持有，那我現在還會買嗎？」其實投資真正重要的，不是過去你花了多少，而是未來是否值得繼續投入。投資人在投資過程中受到兩股力量的影響：他們愛上了自己擁有的投資，因為那是他們的；他們也害怕面對損失，導致長期持有表現不佳的投資，而錯失潛在收益。

這本書在付梓的時候，剛好遇到川普的「對等關稅」政策造成了世局的混亂，也造成了美元、美債和股市大幅度的下跌，以及許多投資者的焦慮。巴菲特在二〇二五年的股東大會記者會中表示將在年底交棒退休，聽完他的演講，即使我們沒有他的操盤能力，還是可以借鏡他的投資邏輯和做事方式，從他畢生累積的智慧中得到滿滿的收穫！

巴菲特提醒我們：「長期要和喜歡的人共事、與優秀的人同行。」從巴菲特的交友、用人的選擇，甚至是價值投資的觀念來看，他在認定人、事、物上的眼光都極好，可以做為我們在將來待人處事，甚至在選擇工作、選擇客戶的參考。他建議我們要努力接近那些我們尊敬、想成為的對象，與這些人一起共事或成為朋友。他與查理蒙格的緣分就是如此，兩人相伴到最後，更是彼此在職業生涯中最關鍵的人物。

而我們在重新選擇一個行業，或者是選擇一家公司的時候我們也會思考：「這個行業值不值得你全心投入，這家公司值不值得你全心投入？」巴菲特曾在一九九六年的年度股東信中寫道：「如果你不願持有某一檔股票十年，那就連持有它十分鐘也不要考慮。」這個思考邏輯就是如果你不喜歡這家公司，那麼就離開它，三十年過去了，這句名言卻歷久彌新，極具智慧。

人們往往更關注自己失去什麼，而非將得到什麼。這就是為什麼一般人會堅守虧損的投資、停留在不健康的工作環境和糟糕的人際關係中。這個例子正好說明了「稟賦效應」可能導致的後果。當投資人擁有某項資產時，他們往往會高估其價值，甚至對虧損的投資抱有不合理的期待，希望它能回到「理想的價值」，事實證明，這樣子的期待落空的可能性極高。

巴菲特的人生歷練，將可以給我們後輩晚進做選擇的時候有更好的依據，或許也可以做為為什麼要轉換跑道的理由吧！

☺元氣保險金句：

世界沒有悲劇與喜劇之分，如果你能從悲劇中走出來，那就是喜劇。

心法50

我的事業讓我享受人生

很喜歡成龍與蘇慧倫唱的《在我生命中的每一天》，裡面有一段歌詞：「看時光飛逝，我回首從前，每個小小夢想都能慢慢地實現……」。

每當我聽見這首歌的時候，都會再度回想起，以前年輕時候在拉保險的小伙子，現已成了步入所謂耳順的老古板了。這一路上的成長都要感謝引導我進入保險業的貴人，教導我成長的恩師，醍醐灌頂亦師亦友的客戶，全力力挺的同事，以及同甘共苦的老婆。沒有以上那些「上天的恩典」，我的夢想最終可能只是個幻想罷了。

記得年輕求學的階段兼差太多，在學校功課並不突出，進入社會時起步就落後別人一大截，想出國唸書的夢想終究成為幻想。後來進入保險推銷這個行業，決定對自己狠一點，把以前不努力的代價補回來。所以進了保險公司，就當自己是過河的卒子，設定好可長可久的生涯目標並且堅持下去吧！

有些人想要等到賺到錢之後才能犒賞自己，只不過人生有太多突然，不在計畫之中的，因為計劃真的趕不上變化。越來越多的人覺得時間不會再回來，三十歲能吃的美食，七十歲可能咬不動；四十歲能爬的山，六十歲就只能看看。晚年就算擁有一些財富，但可能一身病痛。倒不如在青壯年時候去冒險、社交、旅行和家人相處，把握每個時機體驗生活感受愛，和家人創造一些的回憶。

我也曾經在保險公司所謂功成名就之後，反而迷失了自己，以購買豪車名牌來做生活的升級，或是享受美食美酒所帶來短暫多巴胺的刺激，後來才發現這些對我

的業績或是人脈並沒有太多的助益。慢慢的體會在保險生涯裏，再多的獎盃都不如客戶的口碑。這個時候有位亦師亦友的客戶提醒我不要太過追求物質生活，而要回到初衷，享受工作帶給我的快樂。

我從事保險的初衷就是「透過保險的銷售提升家人的生活品質，保障客戶的資產安全」。從這個客戶的諫言中，又重新啟動我的業務動力和熱情，更體會到工作如果只是為了自己的業績和收入，挫折就會如影隨行，工作如是為了傳播保險的真諦和信仰，就會有像媽祖信徒一樣堅定的力量。

我很喜歡泰戈爾的這首詩：

把自己活成一道光，因為你不知道，誰會藉著你的光，走出了黑暗。
請保持心中的善良，因為你不知道，誰會藉著你的善良，走出了絕望。
請保持你心中的信仰，因為你不知道，誰會藉著你的信仰，走出了迷茫。
請相信自己的力量，因為你不知道，誰會因為相信你，開始相信了自己。

在保險這個行業工作，從成家、立業，到現在小孩子也克紹箕裘加入保險行業。從扛著學貸和家裡龐大的負債，到現能夠在社會站穩腳跟；從最初只想靠保險賺錢，到現在的社會責任，也是一種成長。貧窮或許是老天爺給我的恩賜，也讓我的人生活得精彩。保險生涯讓喜歡旅行與閱讀的我感受到「讀萬卷書，行萬里路」的愜意，我也把這些化成文字，成為以後吹牛的本錢。

「故人今在不，舊江山，渾是新愁；欲買桂花同載酒，終不似，少年遊。」人生苦短，既要活在當下，也需無貸當責。重新再版這本書的目的就是想要傳遞正確的保險觀念給客戶，也給有心想要從事這個行業的人一些工作上的心得。

走筆至此，耳際又傳來成龍與蘇慧倫的歌聲：「看時光飛逝，我回首從前，每個小小夢想都能慢慢地實現，我是如此平凡，卻又如此幸運，我要說聲謝謝你，保險在我生命中的每一天。」

☺元氣保險金句：

做保險，能力很重要，外表很重要，名利很重要，業績很重要，重要的事情很多。但是如果不開心，那麼這一切一切都不重要了！

～Amy Lin

Win 023

元氣：保險業務成功信念 50 招（卓越增訂版）

作　　者　謝清輝
繪　　者　詹皓凱（怪醫鳥博士）
顧　　問　曾文旭
出版總監　陳逸祺、耿文國
主　　編　陳蕙芳
執行編輯　翁芯琍
美術編輯　李依靜
法律顧問　北辰著作權事務所

印　　製　世和印製企業有限公司
初　　版　2025 年 07 月
出　　版　凱信企業集團 - 凱信企業管理顧問有限公司
電　　話　（02）2773-6566
傳　　真　（02）2778-1033
地　　址　106 台北市大安區忠孝東路四段 218 之 4 號 12 樓
信　　箱　kaihsinbooks@gmail.com

定　　價　新台幣 360 元 / 港幣 120 元
產品內容　1 書

總 經 銷　采舍國際有限公司
地　　址　235 新北市中和區中山路二段 366 巷 10 號 3 樓
電　　話　（02）8245-8786
傳　　真　（02）8245-8718

國家圖書館出版品預行編目資料

元氣：保險業務成功信念 50 招（卓越增訂版）/ 謝清輝著 . -- 初版 . -- 臺北市：凱信企業集團凱信企業管理顧問有限公司 , 2025.07
面；　公分
ISBN 978-626-7354-95-7(平裝)

1.CST: 保險仲介人 2.CST: 職場成功法

563.725　　114003981

本書如有缺頁、破損或倒裝，
請寄回凱信企管更換。
106 台北市大安區忠孝東路四段 218 之 4 號 12 樓
編輯部收